VERLAG

BEGEGNUNGEN

Impressum

ISBN 978-3-946723-64-6 (Printversion)
ISBN 978-3-946723-65-3 (E-Book)

Vom Licht ins Leben
Der Kreislauf von Leben und Tod
Edit Engelmann

Coverfotografie: © Uschi Dreiucker, pixelio
Bildnachweis Innenbilder s. Seite 163
Gestaltung: Christine Goeb-Kümmel

Verlag: Begegnungen, Schmitten
www.verlagbegegnungen.de

Neuausgabe
Gedruckt in Deutschland

Vom Licht ins Leben

Der Kreislauf von Leben und Tod

Edit Engelmann

VERLAG
BEGEGNUNGEN

Zum Menschsein gehört alles:
Das Licht und das Dunkel,
das Irdische und das Nicht-Irdische,
das Körperliche und das Seelische.
All dies verbunden durch die Macht
der bedingungslosen und kraftvollen Liebe.

Renate Fecher, Frankfurt/Bad Vilbel

Inhalt

Der Anfang

... In der Nacht hatte ich plötzlich Kreuzschmerzen wie nie zuvor in meinem Leben. So stark, dass ich am nächsten Morgen Schwierigkeiten mit dem Aufrechtgehen und -stehen hatte.
Am frühen Vormittag erhielt ich einen Anruf von meinem Bruder, in dem er mich darüber informierte, dass unsere Mutter sich in der vergangenen Nacht still und leise und vor allen Dingen selbstständig und ohne Begleitung und Hilfe – darauf hatte sie nämlich immer den größten Wert gelegt – aus dieser Welt verabschiedet hatte. Plötzlich und unerwartet, wie es immer so schön heißt. Sie war einfach nicht mehr aufgewacht und lag friedlich morgens im Bett, als hätte sie sich für den ewigen Schlaf hingelegt.

Obwohl ich weiß, dass der Tod ein Anfang, aber kein Ende ist, war ich traurig. Traurig darüber, dass so viele Jahre vergehen werden, bis ich die Energie und Liebe meiner Mutter wieder direkt erfahren werde. Und doch war ich froh, dass ihr Übergang aus dem diesseitigen Leben einfach gewesen ist. Für den Rest des ersten Trauertages sah ich sie vor meinem geistigen Auge, so wie sie gewesen war, als ich zuletzt von ihr Abschied genommen hatte. Winkend, grinsend und ein wenig wehmütig, weil die gemeinsame Zeit schon wieder vorüber war und bis zum nächsten Besuch sicherlich einige Zeit ins Land gehen würde.

Am folgenden Tag jedoch änderte sich das Bild. Plötzlich, mitten am Tag, war nicht mehr die alte Frau vor meinen Augen, sondern ich sah eine junge Mittzwanzigerin in einem geblümten Sommerkleid mit langen, im Wind wehenden Haaren, die sich lachend nach unhörbaren Klängen drehte. Meine Mutter. So frei, fröhlich und unbeschwert hatte ich sie noch nie gesehen. Sie winkte, bevor sie sich mit einer letzten Drehung in die Unendlichkeit verabschiedete. Ich glaube, ihre eigene Beerdigung hat sie schon nicht mehr „erlebt“. Da war sie schon längst mit etwas ganz anderem beschäftigt.

Und von mir hatte sie sich besonders intensiv verabschiedet. Wie hatte die Mama immer gesagt, wenn man ihren Befehlen nicht gleich nachkam: Sie tritt uns ins Kreuz. Diesen Tritt habe ich noch einmal gespürt – er war gar nicht falsch zu interpretieren.

Meine Schwägerin erzählte mir, dass bei ihr in derselben Nacht und zu derselben Zeit etwas in der Küche gepoltert hat – und zwar so sehr, dass sie aufstand um nachzusehen, denn sie vermutete, der Hängeschrank samt Geschirr wäre heruntergefallen. Es war alles ruhig. Auch sie interpretierte diese Geräusche als „Mamas letzten Gruß". Übrigens haben wir am Tag nach der Beerdigung beim Durchforsten von Unterlagen ein Bild von meiner Mutter aus Jugendtagen gefunden. Weder mein Bruder noch ich hatten dieses Bild je vorher gesehen. Es zeigte sie lachend in einem geblümten Sommerkleid ...

Wenn sie so fröhlich und glücklich dort hinaufgestiegen ist, dann muss da doch etwas ganz Besonderes sein – dort auf der nicht-materiellen Ebene. Das war kein Ende gewesen. Sondern etwas ganz Wichtiges hatte für sie ihren Anfang genommen ...

Genau diese Geschichte war die Initialzündung, die mich dazu bewog, mich mit dem Thema Leben und Tod zu beschäftigen. Es war meine Mutter, die mir diesen Gruß aus dem Jenseits schickte, als sie sich von mir verabschiedete, nur ein paar Tage nach ihrem Tod und noch bevor die Beerdigung stattfand.

Es war eine unglaubliche Erleichterung in meiner Trauer, als ich dieses Bild sah. Und nicht nur sah, sondern es fühlte. Fühlte, wie glücklich und beschwingt sie war und dass sie mich an diesen Schwingungen teilhaben ließ. Natürlich kam es mir anfangs merkwürdig vor. Und wie es nun eben so ist: Wenn man anfängt, sich mit einem Thema zu beschäftigen, tauchen plötzlich von allen Seiten Menschen auf, die in Resonanz sind und Informationen und Hilfe bringen. So ging es auch mir. Den ersten Büchern, die ich las, folgten die ersten Begegnungen.

Ich lernte eine Frau kennen, die im Diesseits sozusagen „Hängengebliebene“, die sich teilweise sogar als Poltergeister betätigten, in das Licht der Ewigkeit schicken konnte. Ihre Geschichten faszinierten mich – hauptsächlich, da ich auch einige der von den Geistern Heimgesuchten selbst darüber befragen konnte, die allesamt mit beiden Beinen auf der Erde und im Leben standen. Sie waren weder Esoteriker, noch versponnen, sondern einfach Menschen, die dies erlebt hatten. Die Dame – Renate Fecher – und ihre Geschichten werden im Übrigen in diesem Buch des Öfteren zitiert und zur Sprache kommen.

Schließlich nahm ich bei ihr aus Neugier und Interesse an einem Workshop teil: „Der Kreislauf von Leben und Tod“, aus dem ich im letzten Kapitel in diesem Buch berichte. Es eröffnete mir eine gänzlich neue Sichtweise. Er führte mir das vorher theoretisch Gehörte und Gelesene dann praktisch vor Augen. War ich vorher noch skeptisch, ob man mit Toten wirklich sprechen kann und ob deren Seelen weiter existieren, so war ich mir nach diesem Workshop darüber im Klaren, dass es so ist. Ich habe es ja selbst erfahren. Und je mehr und öfter ich selbst versuche, mich hineinzufühlen, umso mehr kann auch ich selbst wahrnehmen, wenn auch nicht in dem Maße wie Renate Fecher.

Je mehr ich mich damit beschäftigte, je näher ich dem Thema kam, umso empfindsamer wurde ich selbst. Ich habe für mich und mein Leben viel dadurch gelernt, viel erfahren und habe eines ganz sicher verloren: die Angst vor dem Tod und was danach kommt. Ich hadere selten noch mit dieser Unsicherheit, warum ich eigentlich in menschlich-materieller Form auf dieser Erde weile. Was habe ich hier, was ich nicht als Seele schon hatte? Ist diese Erde ein Leidens- und Jammertal? Fragen, auf die jeder einzelne von uns sich selbst einen Reim machen und eine Antwort finden muss.

Dadurch, dass ich mich dazu entschloss, dem Thema Tod einen Raum im Leben zu geben, habe ich die Freude am Leben für mich selbst entdeckt. Nein, ich weiß immer noch nicht „en Detail“, was ich in dieser Inkarnation lernen soll. Vielleicht das Loslassen, denn diese Aufgabe hat sich mir schon öfter gestellt. Sicherlich soll ich alte und karmische Wunden heilen – auch in diesem Sinn ist viel bei mir passiert, seit ich offen dafür bin. Sicherlich aber trage ich inzwischen das untrügliche Gefühl in mir, dass das Leben gespielt werden will. Nur hier, in dieser grobstofflich-materiellen Umgebung, sind Erfahrungen und Gefühle möglich, die in feinstofflich-geistig-energetischer Form unerlebbar wären. Und ich habe Frieden damit gefunden, dieses Leben zu spielen in der Form und Art, die ich mir für dieses Mal als Inkarnationsvehikel ausgesucht habe: die Person Edit Engelmann.

Es sind die Freiheit und Zufriedenheit, die ich dadurch fühle, deshalb möchte ich meine Erfahrungen weitergeben. Sie sind der Grund für dieses Buch. Es soll eine Vorstellung davon vermitteln, dass es da noch etwas gibt. Dass „die Toten" und „die Lebenden" noch immer in derselben Welt sind, wenn auch auf verschiedenen Dimensionen des Seins. Das Buch möchte aufzeigen, welch wichtiger Moment der Tod im Leben des Menschen ist – und genau wie das Leben selbst jedes Mal wieder einmalig. Deshalb habe ich mich entschlossen, in diesem Buch die Theorie, so wie ich sie verstehe, zu Wort kommen zu lassen – aber auch berühmte Heiler, Schamanen und Wissenschaftler genauso wie Menschen, die über Erfahrungen berichten können, und auch meine eigenen Erlebnisse, die ich im Laufe der Jahre hatte, fließen mit ein, sind diese doch die einzigen, deren Wahrheitsgehalt ich bestätigen kann.

Dr. Stylianos Atteshlis, bekannt unter dem Namen Daskalos, der bekannte Wandler zwischen den Welten aus Zypern, sagte einmal: „Etwas wie den Tod gibt es nicht! Es ist ein Weitergehen des Selbst-Bewusstseins. Wenn wir die materielle Welt hinter uns lassen, findet eine Veränderung der Art und Weise, wie wir leben statt, doch diese Veränderung ist nicht der Tod unseres Selbst als Geist-Seele – es ist noch nicht einmal das Ende unseres Selbst als Persönlichkeit. Nach dem Hinübergehen findet sich der Betreffende in den psychischen Ebenen wieder, in ähnlichen Bedingungen (Umständen), wie sie auf der Erde waren. Er wird auf die gleiche Art und Weise fühlen und denken wie vorher, als er noch im materiellen Körper lebte. Die Fortsetzung ist für die meisten so nahtlos, dass sie anfangs noch nicht einmal bemerken, dass sie hinübergegangen sind. Das ist die Gnade Gottes."

Also keine Angst. In diesem Kreislauf von Leben und Tod sind wir alle schon oft gestorben – und haben es glänzend überlebt.

Der Tod ist kein Abschnitt des Daseins,
sondern nur ein Zwischenereignis,
ein Übergang aus einer Form
des endlichen Wesens in eine andere.

Wilhelm von Humboldt

Wie ich dazu kam, mich mit diesem Thema zu beschäftigen

Als Erstes durfte ich die Augen schließen und mit sachter Stimme führte sie mich zurück. Was habe ich gestern gemacht? Letzte Woche? Wie war es, als ich mein Schuldiplom erhielt? Der Tag der Einschulung?

Bis dahin waren es normale Erinnerungen. Nur plastischer und direkter als sonst. Während eine Erinnerung sonst eher zweidimensional ist, war diese intensiv fühlbar. Hören, fühlen, schmecken, sehen, riechen. Sie konnte wieder mit allen Sinnen erfasst werden und wurde nicht nur aus einem Speicher als Erinnerung abgerufen.

Jetzt ging ich zurück zum Zeitpunkt meines letzten Todes. Das sagte mir die Stimme, die ich schon längst nicht mehr als die meiner Freundin wahrnahm. Es hätte inzwischen die Stimme eines jeden Beliebigen sein können. Ich war auch nicht mehr neugierig oder gespannt, ob ich etwas zu sehen bekommen würde und wie so eine Rückführung denn wäre. Alles, was mich jetzt noch umfangen hielt, war Ruhe. Einfache, schlichte Ruhe. Stille. Da war nicht einmal mehr ein Gedanke, der sich verstohlen hereinzuschleichen versuchte. Ich folgte der Stimme.

Plötzlich kam eine Erinnerung, wie zuvor die an meine Schulzeit. Ich stehe in einem Wohnzimmer. Ich wusste einfach, dass ich es war. Ich bin ein Mann. Noch nicht alt. Vielleicht Mitte vierzig. Ich bin in einem hölzernen Haus. Es ist klein. Wenn man hereinkommt, ist man sofort im Wohnzimmer. Von dort geht eine Treppe nach oben. Am Treppenabsatz steht ein kleines Kind in einem weißen, bodenlangen Nachthemd. Sie hält etwas im Arm. Es ist meine Tochter. Rechts von der Treppe steht eine Frau in der Küchentür. Ihr Gesicht kann ich nicht sehen. Im Gegenlicht wirkt sie wie ein dunkler Schatten. Sie steht bewegungslos da und schaut zu mir herüber.

Szenenwechsel.

Jetzt liege ich im Wasser. Mit dem Gesicht nach unten. In meinem grauen Wollanzug schwimme ich oben auf dem breiten Fluss. Ich bin ein Fährmann. Die Stange halte ich noch in der rechten Hand. Ich sehe mich selbst von oben. Angst habe ich keine. Ich bin ganz ruhig und schaue neugierig auf meinen Körper, der vom Strom weitergetragen wird.

Zwei riesige Vögel kommen, greifen mich unter den Armen und ziehen mich nach oben weg. Ich will nicht mit. Ich will erst noch sehen, was mit dem schwimmenden Mir passiert. Aber die Vögel nehmen mich mit. Ich schaue nach hinten rechts und links, um die Vögel zu sehen. Ein violetter Schein schimmert um sie herum. Sie sind stark und mächtig. Sie fühlen sich gut an. Sie halten mich warm und fest. Auf einmal verstehe ich. Ich bin tot. Gestorben. Dort unten ist nur noch mein Körper, der Körper des Fährmanns, der davon treibt. Während ich selbst woanders hingehe.

Die Vögel tragen mich bis zu einem Tunnel und ziehen mich dort hinein. Der Tunnel ist dunkel und ich habe ihn schnell passiert. Die Vögel, die mich zum Tunneleingang brachten, sind nicht mehr da. Ich bin allein. Allein in einem unglaublich großen, schwarzen Raum. Alles ist leer. Einfach ein riesiges, großes, seltsamerweise quadratisches Nichts unendlichen Ausmaßes. In einer Ecke ist eine Gruppe mit drei hellen und mehreren dunklen Gestalten. Sie haben Angst und kauern dicht aneinander. Sie wollen, dass ich zu ihnen komme. Aber ich will nicht. Ich kenne diese Gestalten von irgendwo. Ich mag sie. Sie tun mir so unendlich leid, wie sie dort stehen und leiden. Ich wünschte, ich könnte ihnen helfen. Aber ich weiß, dass ich mich nicht zu ihnen stellen will. Es geht doch weiter. Zu einem schöneren Ort. Ich versuche, sie zu überreden mitzukommen. Aber sie wollen nicht. Ich bekomme nicht einmal eine Antwort. Sie schauen mich nur angstvoll aus großen schwarzen Augenhöhlen an. Ich lasse sie dort. Wende mich ab. Gehe weiter.

Szenenwechsel

Ein Baum. Dort steht ein riesiger Baum. Ein dicker Stamm und ein unglaubliches Astgewirr. Es ist wohl Winter, denn der Baum trägt keine Blätter. Jetzt kommt ein strahlendes Licht hinter dem Baum zum Vorschein, was stärker und stärker scheint. Es ist ein gleißendes Licht. So hell und fluoreszierend habe ich es noch nie gesehen. Es wärmt nicht, aber es fühlt sich unglaublich wohl und gut an. Ich fühle – ich weiß – ich bin wieder zu Hause.

So erlebte ich meine eigene, erste kurze Rückführung, die dem Workshop zum Leben und Tod vorangestellt war. Oh ja, es war wie eine Art Fernsehen, aber mit Gefühl und Geruch und interaktiver Teilnahme. Es war beides gleichzeitig: mitspielen und sich selbst von außen zusehen. Seitdem habe ich noch einige dieser Erfahrungen mit mir selbst und Welten und Leben in kurzen Flashbacks oder längeren Wachträumen erleben dürfen.

Als ich vor diesem Baum stand mit dem aufgehenden Licht, wusste ich, ich war zu Hause. Einfach nur noch eintreten und dann ist alles gut. Ein Gefühl, das noch viel intensiver war, als wenn man nach einem knirschenden Winterspaziergang, bei dem die Kälte sich schon in die Knochen bohrt, die Wohnungstür aufschließt mit einer großen Tasse heißen Kakaos vor Augen. Es war zusätzlich noch das warme und beglückende Wissen, dass alles, was man will und braucht, dort ist und nur darauf wartet, dass man eintritt. Natürlich weiß ich nicht, wie es dort aussieht und ob dort wirklich ein Baum steht. Vielleicht steht dort auch nur einer für mich, weil das eben meine eigene per sönliche Allegorie ist, wie ich nach meiner letzten Inkarnation wieder ins Licht gegangen bin.

Was aber habe ich gesehen und wo bin ich gewesen, als ich als Seele des Fährmanns mein letztes Leben verlassen habe? Was waren die Vögel? Wer waren diese Gestalten, die ich in dem schwarzen Raum vorgefunden habe? Was war dieser schwarze Raum überhaupt? Erleben das alle so? Wenn ich mich daran zurück erinnern konnte, können alle anderen das auch? Meine Großmutter hatte von Licht gesprochen, kurz bevor sie starb, mein Großvater hingegen von Wasser. Erlebt jeder in diesem Moment etwas anderes?

Im Zusammenhang mit dem Tod gibt es Fragen über Fragen. Leider trauen sich nur die wenigsten, sich auch damit zu beschäftigen. Der Tod ist tabuisiert und wird beiseitegeschoben, so lange es geht. Trotz aller Bemühungen: Abschalten lassen sich die Gedanken nicht. Während des gesamten Lebens gibt es immer wieder Momente, die uns direkt oder indirekt mit dem Tod konfrontieren und zwingen, uns mit dem Thema auseinanderzusetzen. Immer wieder beim Tod von Angehörigen, Haustieren, Nachbarn, bei Unglücken, über die in Zeitungen berichtet wird. Wenn wir es zulassen, macht es uns nachdenklich und wir sinnen darüber nach: Wie ist das Sterben wirklich? Kommt etwas danach, wie es viele Religionen und Mythen erzählen? Gibt es eine Reinkarnation? Gibt es mehr als *ein* Leben? Was passiert nach dem Tod? Wie ist das Leben – oder Sein – nach dem Tod? Wie schlimm ist Sterben? Was sind Seelen? Was ist Bewusstsein? Was sind Geister? Fragen über Fragen und vermeintlich wenig konkrete Antworten.

Menschen, denen ein Blick ins Totenreich erlaubt war, gibt es seit Urzeiten. Schamanen, Heilern, Hohepriestern und Hellsehern wird diese Fähigkeit nachgesagt. In der heutigen Zeit heißen sie zudem Medien, Parapsychologen, mediale/geistige Heiler oder Lebensberater. Über alle wurde gerade in den letzten zweitausend Jahren viel Spott ausgeschüttet, von drastischeren Methoden wie Verbrennungen und Inquisitionen einmal abgesehen. Vor niemandem hatte die Menschheit aber auch so viel Respekt wie vor ihnen – positiv wie negativ.

Seit den 1980er Jahren erleben die alten Denkweisen und Lehren eine Renaissance. Neben frühen schriftlichen Quellen und einem neuen Verständnis dafür, erweisen sich z. B. Schamanen indigener Völker als Hüter der Schätze des alten Wissens. Erst seit jüngerer Zeit wird dieses Wissen gemäß den Beschlüssen der Ältesten der Öffentlichkeit zugänglich gemacht. Immer mehr Informationen, immer mehr Wissen der Naturreligionen kommen wieder ans Licht. Alte Völker brechen erstmals ihr Schweigen, neue Beweise aus alten Zeiten tauchen auf und werden in viele Sprachen übersetzt. In unserem digitalen Zeitalter mit seinem vielfältigen Informationszugang sowie globalen Reisemöglichkeiten findet das Wissen, das vor Tausenden von Jahren an anderen Punkten der Erde Realität und Glaube war, eine breite Schicht dafür offener Menschen. Das alles schafft nicht nur Wissen, sondern auch Bewusstsein.

Ich selbst bin mit der Welt „des Schamanismus" in Kontakt getreten, als ich die Möglichkeit hatte, einige Zeit bei einem Stamm der indigenen Völker Nordamerikas zu verbringen. Die Tohono O'Odham leben in der Wüste Arizonas zwischen Tucson und Phoenix in kleineren Siedlungen. Ich war beeindruckt, mit welcher Selbstverständlichkeit sie mit der Natur und den Dingen des Lebens umgehen. Jetzt soll dieses Buch natürlich kein Plädoyer für die natürliche Lebensweise der „Natives" werden, obgleich ich der Meinung bin, wir alle könnten uns davon nicht nur dünne Scheibchen abschneiden. Vielmehr möchte ich die Verständlichkeit reflektieren, die sie dem Tod von Lebewesen gegenüberbringen. Ich glaube, dass ich dort, ähnlich wie bei dem Tod meiner Mutter, wichtige Dinge ganz nebenbei gelernt habe.

„Ein jedes Lebewesen hat das Recht, seinen Tod in Ruhe und auf seine Art zu erleben", ermahnte ein Stammesmitglied meinen kleinen Sohn, der sich über einen halbtoten Vogel beugte, um ihn genauer zu untersuchen. Liebevoll zog er ihn zur Seite, während er ihm beschrieb, dass der Vogel nunmehr in ein anderes Reich ginge, wo er ihn dereinst, wenn seine Zeit gekommen sei, wohl wiederfinden würde.

Auf meine Frage zum Thema Leben und Tod und Seelen und Geist, reichte man mir wortlos den ersten Band von Carlos Castanedas Er zählungen über Don Matus. Manche halten es für Belletristik. Mir erzählte man dort, man habe Castaneda gekannt. Er wäre in dieser Gegend unterwegs gewesen. Sie waren davon überzeugt, dass die Bücher des Anthropologen authentisch waren.

„Wenn Du einen Schamanen treffen willst, um eine Lösung für Deine Probleme zu erbitten", sagte mir ein Freund auf meine Frage hin, „kann ich Dich gerne mit einem bekannt machen. Aber bedenke, was auch immer er machen wird, wird Auswirkungen auch auf Dein Leben haben. Alles ist Eins und hängt miteinander zusammen. Die Folgen treffen auch immer Dich."

Ich entschied mich daraufhin, die Hilfe eines Schamanen nicht in Anspruch zu nehmen, und aus der Reaktion meines Freundes konnte ich sehen, dass es die richtige war.

Natürlich hat mich dieser Aufenthalt in meiner Neugier bestärkt, als ich wieder zurück in Europa war. Ich nahm sogar an einem Workshop über schamanisches Reisen teil. Veranstaltet von der Foundation for Shamanic Studies fand ich es unglaublich, wie einfach es war, von der Wirklichkeit in die „Nicht-Wirklichkeit" abzugleiten und doch im Hier und Jetzt verankert zu bleiben.

Seit ich dies einmal gelernt habe, möchte ich die Technik in meinem Leben nicht mehr missen. Ich lege mir oft die Trommel-Musik auf und reise dazu in die Gefilde, in denen mein Krafttier auf mich wartet. Manchmal, weil ich eine Frage habe, manchmal aber auch einfach nur, um dort einen Bummel zu machen und mich an meiner persönlichen Quelle zu erfrischen. Manchmal reise ich in die oberen Welten und begegne dem Wesen, von dem ich glaube, es ist mein Höheres Selbst. Sie – ich glaube, es ist eine Sie, ihrem Gesicht und ihrer Kleidung nach zu urteilen, aber sie kann genauso gut auch geschlechtslos sein – ist immer für mich da und ich kann Probleme bei ihr abladen oder mit ihr besprechen.

Der guten Ordnung halber möchte ich hier darauf hinweisen, dass ich keinesfalls schamanische Fähigkeiten habe oder mich gar als Schamanin bezeichne. Ich habe gelernt, zur Trommel mental zu reisen, nicht mehr und nicht weniger. Eine Ausbildung ist sehr spezifisch und intensiv und dauert meines Wissens mit Sicherheit viele Jahre. Ich persönlich würde daher von „Wochenend-Schamanen“ und ihren Angeboten Abstand nehmen.

Im weiteren Verlauf des Buches werde ich auch von Bewusstseins- oder Traum Reisen sprechen, von denen ich auch einige gemeinsam mit einem Mental-Coach und Psychologen unternommen habe. Sie lesen die Geschichten, die ich auf meinem Weg, hinter die Kulissen zu blicken, erfahren, sehen oder mitunter sogar genießen durfte und woraus sich mein persönliches Weltbild über Leben, Tod, Geist, Seele, Bewusstsein und dem inkarnierten Mensch-Sein gebildet hat, das ich hier mit Ihnen teilen möchte.

Wenn du stirbst, bist du vollkommen glücklich
und deine Seele lebt irgendwo weiter.
Ich habe keine Angst zu sterben.
Vollkommener Frieden nach dem Tod,
jemand anderes zu werden
ist die beste Hoffnung, die ich habe.

Kurt Cobain

Ein paar Definitionen zum besseren Verständnis

Immer mehr Menschen wollen sich selbst entdecken und nutzen alte Techniken, die ihnen helfen, ihr Bewusstsein zu schulen. Sie beschäftigen sich spirituell und wollen ihre eigene Spiritualität kennen- und leben lernen. Wie man an der Geschichte der Menschheit sieht, war es die Spiritualität, die die Evolution des Menschen nicht nur begleitet, sondern maßgeblich geprägt hat: von den Schriften des Sanskrits bis in die heutige Zeit. Nicht wenige dieser wichtigen Schriften, wie zum Beispiel die Bibel, sind die Lebensberichte von einzelnen Individuen, die einen besonderen spirituellen Weg beschritten haben, mitunter sind sie wie der Koran sogar von diesem Einzelnen, in diesem Fall Mohamed, selbst verfasst und aufgeschrieben.

Nachdem wir uns in den letzten zweitausend Jahren vornehmlich auf die Erschaffung materieller Güter konzentriert haben und die Spiritualität in großen Zügen ins Reich der Mystik, Magie und des Hexentums verbannt haben, schwingt das Pendel jetzt wieder zur anderen Seite aus. Wir fangen an zu begreifen, dass das Materielle doch nicht alles ist und dass es da mehr gibt zwischen Himmel und Erde, als sich das Menschlein erträumen kann. Wir suchen wieder Kenntnisse und Erfahrungen aus erster Hand, wollen sie selbst machen und verstehen lernen. Mit anderen Worten: Wir wollen unser Bewusstsein erweitern.

Bevor wir uns wieder dem eigentlichen Thema von Diesseits und Jenseits zuwenden, ist hier doch die richtige Stelle, um zuvor ein paar

Begrifflichkeiten zu definieren, über die wir im Laufe des Buches immer wieder stolpern werden.

Der Mensch besteht, so heißt es allenthalben, aus Körper, Geist und Seele. Wobei sich viele nicht so ganz schlüssig sind, was denn nun Geist und was Seele ist. Gehen wir sogar noch einen Schritt weiter: Wir haben nicht nur diese Trinität aus grobstofflichem Körper (Materie), psychischem Leib (Geist) und noetischem Leib (Seele), sondern wir haben zusätzlich noch das Ego und somit kein Trio, sondern ein Quartett, was wir durch das tägliche Leben tragen. Und wenn wir jetzt auch noch das Bewusstsein dazuzählen, dann gibt es in uns drinnen ganz schön viele Aspekte, die alle unter einen Hut gebracht werden wollen, wenn wir ein harmonisches und selbsterfülltes Leben anstreben. Alles zusammen macht unsere „derzeitige Persönlichkeit" aus.

Bewusst habe ich in diesem Buch darauf verzichtet, einen Unterschied zwischen ***Bewusstsein*** und Bewusstheit zu machen. Viele versuchen, diesen Unterschied in der einen oder anderen Form zu definieren, und dennoch wird es so unterschiedlich dargestellt, dass man glauben könnte, jeder hat seine eigene Vorstellung davon und etwas allgemeingültig Anerkanntes gibt es nicht. Wie will man auch etwas definieren, das weder sichtbar noch messbar oder greifbar ist, im besten Falle „nur" fühlbar.

In meinen Augen gibt es also ein großes, universelles Bewusstsein – das ist, wo alles eins ist, wo alles beginnt, wo alles endet, wo es weder Zeit noch Raum gibt. In diesem Buch bezeichne ich es auch als Lichtraum der Ewigkeit. Gleichzeitig existiert Bewusstsein aber auch hier auf unserer Ebene der Realität. Christof Koch vom Allen Institute for Brain Science drückte es so aus, dass unser menschliches Bewusstsein ein Teil des Bewusstseins des Universums ist. Yogi, spirituelle Meister und Weisheitslehrer gleichermaßen sind davon überzeugt, dass wir alle in diesem universellen Bewusstsein leben, ob wir es wissen oder nicht. Durch dieses Bewusstsein ist alles Leben miteinander und mit dem Universum verbunden. Es durchzieht oder bildet die Grundlage von beidem: der Ewigkeit und der beschränkten Zeit unseres Lebens. Das Bewusstsein ist sozusagen bildlich gesprochen das Zuhause unserer Seele. Von dort kommt und inkarniert sie. Damit sind und bleiben wir, wenn wir uns auf Seelenebene betrachten, immer Bewusstsein. Es gibt sehr unterschiedliche Traditionen wie Yoga, Zen-Buddhismus oder Sufi, die sich auf praktische Weise einer Verfeinerung der Wahrnehmung und des Bewusstseins widmen. Tatsache ist, dass es jedem möglich ist, eine Verbindung mit diesem Bewusstsein zu erreichen. Dummerweise erkennen wir das in unserer menschlichen Inkarnation nicht notwendigerweise, sondern haben uns sehr daran gewöhnt, einer anderen – sehr menschlich individuellen und oftmals egoistischen – Betrachtungsweise unseres Daseins zu folgen.

Ich persönlich habe mich für die Bewusstseinsreise entschieden, um mit mir selbst in Kontakt zu kommen. Sicher gibt es noch eine Vielzahl anderer Methoden. Aber es bleibt ja jedem selbst überlassen, ob und wie er diesen Zugang zu sich selbst finden will. Das Interessante an Bewusstseinsreisen – und in diesem Oberbegriff möchte ich auch die mentale schamanische Reise einbeziehen – ist, dass ich sie nicht steuern kann. Ich versenke mich nur in die Meditation und lasse die Bilder kommen; wenn ich dazu Gelegenheit habe, nehme ich gern die Hilfe eines befreundeten Mental-Coaches oder Psychologen in Anspruch. Beide sagten mir unabhängig voneinander und trotzdem übereinstimmend, dass aus dem Unterbewusstsein, wo die Seele ja auch zu Hause ist, nur die Bilder gezeigt werden, die man zum jeweiligen Zeitpunkt auch im Bewusstsein und in der Wirklichkeit verarbeiten kann. Diese Bilder können sowohl aus realen Quellen stammen, also etwas, was man vorher schon einmal gesehen hat, oder auch komplett aus dem Reich der Fantasie kommen. Von daher solle ich mir keine Sorgen machen und gegebenenfalls auch nicht unnötig darüber grübeln, wenn mir gezeigte Bilder oder Sequenzen unverständlich bleiben. Mein Zusammenspiel von Geist/Seele/Körper wüsste schon etwas damit anzufangen.

Auf einer meiner Bewusstseinsreisen – wir sprachen genau über dieses Buch, und ich reflektierte darüber in meiner abendlichen Meditation – hatte ich einmal das Bild eines Spinnennetzes. Ich sah eine unendliche Vielzahl an Wesen, Tieren, Bergen, Bäumen, Menschen, alle waren mit Spinnweben miteinander verbunden. Wenn sich eines davon bewegte, setzte es das ganze Netz in Bewegung. Diese Reisen sind ja immer sehr gefühlsintensiv – gerade für mich, die ich im wirklichen Leben eher zu den Kopfgesteuerten gehöre, ist es etwas Besonderes, Gefühle so intensiv erfahren zu können. Bei diesem Bild war es ein wirkliches Gefühl des Verbundenseins, des Wissens, dass man mit jeder kleinen Bewegung einen ganzen Apparat in Bewegung setzt und welche Verantwortung das bedeutet.

Und ich spürte die Liebe, mit der ich diese Bewegungen im Netz machen sollte, um andere damit nicht zu verletzen. Gleichzeitig war es für mich die einfachste Darstellung des „Alles-ist-Eins". Und wie es oft so ist, wenn einem Gedanken Bilder in den Kopf setzen: Seitdem denke ich wirklich verstärkt darüber nach, wen ich wohl mitberühre im Spinnennetz, wenn ich irgendwelche Aktivitäten in Gang setze oder Entscheidungen treffe.

Einfach ausgedrückt ist die ***Seele*** der göttliche Funke, unser unsterbliches Sein in einem ätherischen, energetischen Zustand, eine Essenz unsterblichen Bewusstseins, das wir aus dem Lichtraum der Ewigkeit in diese Inkarnation mitgebracht haben und auch wieder mit zurücknehmen. Sie stammt aus dem großen, universellen, göttlichen, absoluten Bewusstsein – wie auch immer man es nennen mag. Schon bevor sie inkarniert, hat die Seele sich einen Plan zurechtgelegt, was sie auf der Erde als Mensch erfahren möchte.

Inkarniert im Menschen ist sie zwar immer noch Bewusstsein, „vergisst" aber alles – das Woher und Warum –, um den geplanten Lebensplan leben zu können. Gewöhnlich verhält sie sich ziemlich zurückhaltend und meldet sich selten lautstark und direkt von selbst – und gewöhnlich nur, wenn ihr die Diskrepanz zwischen unserem Leben im Menschsein und ihrem ursprünglichen Lebensplan zu groß wird. Dann macht sie sich verstohlen oft nur durch Krankheiten physischer und psychischer Art bemerkbar.

Krankheiten können also letztendlich ein Zeichen sein, dass die Seele mit Macht versucht, uns etwas zu sagen. Viele Metaphern im täglichen Sprachgebrauch bringen diesen Umstand zum Ausdruck. Unfälle und Krankheiten sind zumeist ein Zeichen dafür, dass die Seele schon viel zu lange mit etwas nicht einverstanden war. Es gilt herauszufinden, was das sein könnte und es zu ändern. Erst dann ist übrigens auch die Krankheit besiegt und nicht nur das Symptom bekämpft.

Da die Seele so zurückhaltend und rücksichtsvoll ist, ist sie natürlich auch sehr empfindsam. Auf Traumata reagiert sie mit Rückzug, und damit dieser auch vollständig ist, verschließt sie die Erinnerung mitunter so gut, dass man als Mensch bewusst gar nicht mehr daran kommt. Man hat ein Erlebnis komplett vergessen. Indigene Völker sagen, dass dann ein Teil der Seele verlorengegangen ist. Und das bleibt er auch, wenn man ihn nicht irgendwann wieder integriert. Dies kann durch eine Seelen-Rückholung geschehen, aber auch, wie bei mir, unbeabsichtigt auf einer Bewusstseinsreise:

Das Gesicht des Löwen – eines wahren Königs der Löwen. Groß und gewaltig. Ein Riesenlöwe. Leise frage ich: „Warum treffe ich dich?" Er schaut mir tief in die Augen und ich versehe: Ich soll wieder lernen zu brüllen. Dann nimmt er mich an die Hand und geht mit mir zu einem Felsen. Wahrscheinlich hat sich diese Szene aus „König der Löwen" bei mir so festgesetzt, dass ich sie jetzt als Bühne in diese Traumreise einbaue. Auch dieser Gedanke flatterte aus der Realität mit hinein.

Jedenfalls sitze ich zusammen mit dem Riesenlöwen auf dem Felsen, meine Beine baumeln über dem Abhang und ich brülle. Ich brülle immer wieder. Im Einklang mit dem Löwen. Laut und aus vollstem Herzen. Ich fühle, wie gut mir das tut. Es ist so schön und frei, und ich fühle mich rundherum wohl. Jetzt weiß ich auch, warum ich den Workshop für das Obertonsingen besucht habe. Auch dort ging es um das Öffnen der Stimme und das Brüllen.

Dann zeigt er mit das Tal. Das alles ist Macht, begreife ich. Macht ist nicht Macht ausüben über etwas, Macht ist etwas machen, frei und offenen Herzens machen können. Das ist das Wichtige, was es zu verstehen gilt. Es ist die Kraft, die in mir steckt und mich ermächtigt, mein Leben zu machen. Ich soll einmal laut brüllen. Ob ich das verstanden habe? Er schaut mir in die Augen.

Er ist nicht unfreundlich, aber auch nicht ganz lieb. Zur Macht braucht man Mut. Ich fühle mich unbehaglich. Mein Herz schmerzt plötzlich. Ich habe Angst. Weiß aber nicht, wovor und warum. „Was bedeutet das?", frage ich ihn. „Zeige es mir bitte."

Das Bild der Wüste und des Felsen verschwindet. Vor meinen Augen taucht ein Affenschädel auf. Sieht irgendwie auch „König der Löwen"-mäßig aus. Der Film muss mich ja wahnsinnig beeindruckt haben. Was will der Affe mir sagen?

„Was hast Du mit Mut zu tun?", frage ich ihn. Ich habe keine Angst vor dem Affen. „Zeig mir Affe, was es mit der Angst zu tun hat." Mein Herz schmerzt immer stärker. Die körperlichen Symptome einer Angst stellen sich jetzt physisch bei mir ein. Ich atme schwerer. Noch immer weiß ich nicht, woher diese Angst kommt. „Zeig es mir, Affe. Zeig mir den Grund für die Angst."

Der Affe greift sich an seine Nase – und zieht nach oben über die Stirn hinweg eine Maske ab. Langsam. Darunter ist noch eine Maske. Auch die zieht er herunter. Wieder eine Maske. Er zieht sie ab, diesmal schneller. Masken um Masken erscheinen. Immer schneller zieht er sie ab. Endlich wirft er die letzte auf den Boden. Was kommt dahinter zum Vorschein? Nichts. Der Affe ist verschwunden.

Die Angst sind Masken, hinter denen nichts ist. Sie kommt in den unterschiedlichsten Masken, mal heiter, mal froh, mal düster, mal horrormäßig. Aber es sind immer Masken, Verkleidungen. Dahinter ist nichts.

„Was hat das mit mir zu tun, liebe Masken?" Du musst begreifen, dass hinter der Angst nichts ist. Es verinnerlichen. Dann müsste der Herzschmerz aufhören.

„Tut er aber nicht", rufe ich in das Bild. „Woher kommt diese Angst dann?" Ich möchte sie loswerden. Ich möchte das nicht mehr fühlen. Diesen Krampf im Magen, diesen rasenden Puls. Immer wenn ich in Situationen gerate, wo ich Menschen nicht kenne, wenn ich alleine in

einem Raum Unbekannter stehe. Von wegen Small Talk und Zugehen auf Menschen. Ich ersticke in diesen Momenten in Angst.

Wusch! Wie mit einem Wisch sind die Masken verschwunden. Dort steht ein kleines Mädchen. Blond, mit zwei Zöpfen, einem roten Kleid und grauen Strumpfhosen. Ich. Ungefähr sechs, sieben oder acht Jahre alt. Das war die Zeit als ich aufgehört habe zu brüllen wie der Löwe. Das war die Zeit, als ich meine Kraft eingepackt und mich nicht mehr getraut habe, mich zu äußern, meine Meinung kund zu tun, für mich einzustehen. Stattdessen habe ich geschluckt. „Warum war das so?" Auf diese Frage erhalte ich keine Antwort. Es wird also wohl nicht wichtig sein, dass ich den Anlass kenne.

„Kann ich jetzt wieder brüllen?" Vielleicht nicht gleich, aber ich kann es sicherlich lernen. Ich nehme das kleine Mädchen in den Arm. „Komm wieder zu mir." Plötzlich wird mir bewusst, dass hier gerade eine Seelenrückholung stattfindet. Ein Teil meines Selbst, der sich vor langer Zeit abgespalten hat, kommt zu mir zurück. Wenn es denn wirklich will. Um wieder brüllen zu können, brauche ich dieses kleine Mädchen in mir.

„Wie kann ich Dich wieder integrieren?" Vor meinem geistigen Auge erscheint ein Baobab, einer dieser afrikanischen Riesenbäume mit den unendliche vielen Ästen. Er öffnet von selbst seine Rinde, so dass ich eintreten kann. Von drinnen sehe ich das kleine Mädchen draußen stehen. Es ist nicht mit hinein gekommen. Ich knie mich an die offene Rindentür und lade es ein, strecke meine Hände nach ihm aus. Und ja, ich kann fühlen, wie ich dieses kleine Kind liebe und wie gern ich es wieder bei mir haben möchte. Zögerlich kommt es näher. In dem Moment, wo es in den Baum tritt, verwandelt es sich in lauter bunte Frühlingsbänder, die sich durch den gesamten Stamm des Baumes bis in jeden Ast hinauf züngeln. Auch ich selbst bin plötzlich ein wuseliger Haufen bunter Bänder. Wir verschlingen uns ineinander, probieren einander aus. Es ist, als ob wir beide es wollen, aber einander noch nicht recht vertrauen können. Es braucht Zeit, brummt der

Baobab. Gewöhnt euch aneinander – auf dieser Ebene und im richtigen Leben. Das Bild entschwindet. Ich bin nicht mehr Teil des Baumes, sehe ihn und seine Umgebung in der Unendlichkeit verschwinden.

Langsam tauche ich wieder auf – komme aus der Traumzeit der Meditation zurück in die Wirklichkeit. Ich habe einen Teil meiner Seele wieder. Es wird wohl spannend, was jetzt in der Wirklichkeit, der Realität des Lebens passieren wird. Ich stehe auf. Mein Herz schmerzt noch immer. Auch jetzt hier in der Wirklichkeit. Ich versuche mich an das Mädchen zu erinnern, zu fühlen, wie sie bei mir ist. Hat sich meine Empfindung gegenüber der Macht, der Kraft und der Angst geändert? Im Moment ist es noch nicht zu ergründen. Es braucht Zeit.

Der ***Geist*** ist einerseits eine Anzahl kognitiver Fähigkeiten, die wir bewusst oder unbewusst einsetzen, um die Erlebnisse und Erfahrungen auf unserem Lebensweg zu beurteilen, Entscheidungen zu treffen und die nächsten Schritte einzuleiten. Doch den Geist nur als das Kognitiv zu bezeichnen, greift zu kurz. Jeder Gedanke erzeugt unweigerlich, wahrnehmbar oder unbewusst bleibend, eine dazu entsprechende Emotion, die im Anschluss eine entsprechende Aktion auslöst. Im Sinne der Qualität dieses Konstruktes lohnt es sich für unser Bewusstsein immer, sich die Frage zu stellen: Welcher Geist durchdringt denn gerade meine Gedanken? Entsprechend sind unsere Aktionen und Interaktionen mit unserer Umwelt ausgerichtet. So betrachtet sind wir es, die über unseren Geist die Materie schaffen oder beeinflussen. Im spirituellen Sinn ist der Geist nur vage und schwierig zu benennen. Vielleicht kann man salopp sagen, unser Geist ist wie eine Art Treibgas, das sowohl für unsere Seele als auch für unsere Persönlichkeit formbar und nutzbar ist. Das andere Ende des Geistes, eben auch unseres Geistes, ist nach den spirituellen Lehren verbunden mit dem Bewusstsein.

Daskalos drückte es so aus: „Er ist jener Stoff, aus dem wir als Menschenwesen ‚Elementale' aufbauen. Solche Elementale bringen wir durch unsere Gedanken und Gefühle ins Dasein. Sind sie erst einmal ‚projiziert', dann besitzen sie ein Eigenleben und können jene um uns beeinflussen, die ihnen ‚schwingungsgemäß' entsprechen." Das ist wohl eine etwas andere Umschreibung für das, was wir auch als „Du machst Dir Deinen Tag“ oder „Du kreierst Dir Dein Leben“ kennen. Wir können uns in die Spirale des Unglücks versenken und dementsprechende Elementale kreieren, die ihrerseits wieder die Erlebnisse in unser Leben ziehen, die dazu passen. Oder wir entscheiden uns jeden Morgen aufs Neue, den beginnenden Tag als ein unwiederbringlich einmaliges Erlebnis in unserem Leben zu betrachten, uns darauf zu freuen und ihn positiv zu beginnen. Dieses Elemental zieht vollständig andere Menschen, Schwingungen, Erlebnisse und Erfahrungen an als die Spirale des Unglücklichseins.

Das ist jetzt nicht mit „positiv Denken um des positiven Denkens Willen“ zu verwechseln. Das wäre unrealistisch. Jemand, der sich nie negativen Gefühlen wie Trauer, Neid, Eifersucht oder Gier stellt, kann auch spirituell nicht wachsen. Es ist und bleibt die Frage, was man mit diesen Gefühlen macht und welche Erfahrung man daraus zieht, ob man positive oder negative Elementale daraus kreiert, die dann ihrerseits in Wirkung treten.

Überlebt der Geist, wenn wir sterben oder geben wir sprichwörtlich unseren Geist auf? Es ist wohl beides der Fall. Der alltägliche kognitive Geist, der für das Materialisieren und Erschaffen über unsere Gedanken und die Emotionen und damit unsere Aktionen zuständig ist, wird wohl aufgegeben werden – sein Tatendrang und Knowhow sind nach dem Tod nicht mehr vonnöten. Der spirituelle Teil, der sich mit dem Bewusstsein verbunden hat, bleibt erhalten und geht als Erfahrung mit ins große Bewusstsein ein. Vielleicht wird der Begriff Geist deshalb oft gleichbedeutend mit Seele gebraucht.

Überdies verwenden wir das Wort „Geist“ auch gern als Begriff, um Spukerscheinungen jedweder Art zu beschreiben, – mal abgesehen davon, dass man, um die Verwirrung komplett zu machen, auch andere Energien, die Bäumen, Steinen, Tieren und Pflanzen innewohnen, im allgemeinen Hausgebrauch als Geister bezeichnet. Um diesen umgangssprachlichen Gegebenheiten Rechnung zu tragen, wird das Wort „Geist“ auch in diesem Buch nicht in allen Fällen dem „kognitiven Geist“ oder dem „Geist als Teil des Bewusstseins“ gleichgesetzt, sondern ebenfalls in seiner umgangssprachlichen Bedeutung benutzt.

Auch hierzu wieder ein Bild aus meinen eigenen Erfahrungen, ebenfalls aus einer Meditationsreise:

Ich sah mich selbst in einer Nebelwolke. Sie war weiß fluoreszierend und schien kein Ende zu nehmen. Nichts von der Kälte und Ungemütlichkeit, die man normalerweise im Nebel verspürt. Es war warm, wohlig und herrlich, wie man sich im Flugzeug einen Spaziergang auf den sonnenbeschienenen Wolkenhügeln vorstellt, die sich vor den Fenstern tummeln. Da stellte ich fest, dass sich meine Beine auflösten und zu Nebel wurden. Ich schaute an mir herunter und sah zu, wie langsam meine Beine verschwanden, dann mein Bauch, meine Hände. Zum Schluss war nur noch mein Kopf da. Und als dieser sich aufgelöst hatte, war ich in einer unendlichen Freiheit. Und es fühlte sich wunderbar an. Es war das Gefühl eines Dahinschmelzens, genauso wie es war, als ich vor Liebe tropfte beim ersten Anblick meines Kindes nach der Geburt.

Irgendwann war auch mein Kopf nicht mehr und ich war Bestandteil dieses Nebels geworden. Wenn das der Tod ist und das Verschmelzen mit dem unendlichen Bewusstsein – dann ist es wahrlich köstlich.

Ich fühlte mich unglaublich gestärkt und kraftvoll, als ich die Augen wieder aufschlug.

Dieses Erlebnis erinnerte mich sehr an Odo, den Formenwandler aus der Star Trek Serie, der in einer Folge auch auf seinem Planeten in den goldenen Fluten seiner Spezies verschwindet, um mit allem wieder eins zu sein.

Genau das war mein Gefühl gewesen: Ich war eins mit allem, es gab keinerlei Unterschiede mehr. Es war nur noch Freude.

Das ***Ego*** ist ein gar seltsames Ding, denn bei unserer Geburt gibt es dieses noch gar nicht. Umgangssprachlich steht es für das Selbstwertgefühl und entwickelt sich zum einen aus unseren genetischen Anlagen, zum anderen prägt es sich durch Erziehung und Umwelt, zu einem sehr großen Teil auch durch eigene Erfahrungen und Erlebnisse. So gesehen ist es unser größter Helfer, denn es will sicherlich eins: nicht untergehen und immer dafür sorgen, dass es uns, sprich dem Menschen, dem es innewohnt, gut geht. Damit ist es zugleich nicht nur unsere größte Antriebskraft, sondern auch unser größtes Hemmnis: Es entscheidet sich nämlich nicht notwendigerweise für denselben Weg, den unsere Seele sich als Inkarnationsauftrag vorgenommen hat, sondern betrachtet das Leben aus einer sehr egoistisch-materialistisch-pragmatischen Sicht. Und dadurch können wir psychisch gesehen gegebenenfalls ganz schön aus der Balance kommen.

Übrigens bin ich meinem Ego noch nie auf irgendeiner Reise begegnet, nicht wenn ich mit der Trommel reise, nicht in Traum- oder Bewusstseinsreisen und nicht in Meditationen, was mich natürlich in der Annahme bestärkt, dass dieses Ego in der Tat nur etwas für diese Wirklichkeit ist und für das eigentliche Leben außerhalb der menschlichen Inkarnation auf diesem Planeten total irrelevant.

Betrachten wir als Letztes unseren ***Körper***. Auch der ist nicht einfach so nur Fleisch und Knochen. Wir wissen inzwischen, dass das Gedächtnis nicht nur im Kopf sitzt, sondern dass dem Herzen ebenfalls eine (sogar) eigenständige Intelligenz innewohnt. Zudem gibt es nach neuesten Erkenntnissen im Solarplexus ebenfalls ein größeres Nervengeflecht, was sich in die Gefühls- und Gedankenwelt einmischt, ohne dass wir das bewusst steuern oder kontrollieren können. Damit hat unser Körper – außer dass er uns als Vehikel durch dieses Leben dient – durchaus eine andere Dimension erhalten, die uns dazu anhalten sollte, ihn nicht sinnlos abzunutzen und vollzustopfen, sondern mit Ehrfurcht als ein kleines Wunder zu betrachten, das es uns möglich macht, die Erfahrung des Lebens erleben und genießen zu können.

Nach diesem kleinen Ausflug kehren wir nunmehr zurück zum eigentlichen Thema: Die Frage nach Leben und Tod, was passiert am Ende unseres Lebens und ist tot wirklich tot?

Immer mehr Menschen fühlen sich zu paranormalen Phänomenen hingezogen oder erleben sie selbst. Wurde es im vorigen Jahrhundert noch schamvoll verschwiegen, setzt man sich heute damit auseinander: Nahtod-Erfahrungen, Astralreisen, Bewusstseinsreisen, Poltergeister, Gespräche mit und Besuche von Verstorbenen, Spukerscheinungen, Begegnungen mit Geistern und Gespenstern.

Auch und gerade das Thema „Leben und Tod" hat für viele Menschen an Aufmerksamkeit gewonnen. Viele von uns möchten nur ihre Neugier befriedigen. Andere wollen gerne ihren lieben Verstorbenen noch etwas mitteilen, wollen erfahren, ob es ihnen dort, wo sie jetzt sind, auch gut geht. Manche wollen einfach nur mal sehen, wie dieser nicht-physische Raum ist, in den man nach dem Tod gelangt. Einige haben Probleme mit paranormalen Phänomenen und Spukerscheinungen. Und die meisten waren und sind wie ich sehr erstaunt, wie einfach es dann schlussendlich doch ist, mit Verstorbenen und Seelen in Kontakt zu treten.

Mein erster Kontakt nach diesem Workshop mit einer Verstorbenen aus der anderen Welt kam sehr überraschend. Und ich brauchte schon einen Moment, mich selbst davon zu überzeugen, dass ich etwas Besonderes erlebt hatte. Es geschah während einer Meditation, als plötzlich meine Mutter erschien. In ihrem geblümten Kleid wie seinerzeit in ihrer Abschiedsvorstellung. Wir liebten uns sicherlich als Mutter und Tochter während ihrer Lebenszeit. Trotzdem war unser Verhältnis immer leicht ambivalent. Mehr als ein paar Tage gemeinsam in einer Wohnung führten unweigerlich zum Streit, der erst wieder ausgeräumt werden musste, bevor wir die nächsten Tage friedlich miteinander verbringen konnten. Es war immer wie eine Art Mutter-Tochter-Liebe mit angezogener Handbremse. Während dieser Meditation kam es mir plötzlich in den Sinn zu fragen, warum. Warum hat sie mich mit solch relativer Strenge erzogen? Wieso durfte ich nie, was andere durften? Sie habe mich konditionieren müssen, erklärte sie mir. Es wäre ihre Tat der Liebe gewesen, denn nur so hätte ich mich den Aufgaben in meinem derzeitigen Leben stellen können, die ich mir als Lebensaufgabe vorgenommen hätte. Und ich solle doch einmal darüber nachdenken, was ich alles schon erreicht hätte im Hinblick auf Selbstbewusstsein, auf Durchsetzungsvermögen, aber auch im Loslassen, im Geschehenlassen und auch Frieden zu finden mit unschönen Erlebnissen und diese ruhig und gelassen als Teil des

Lebens zu begreifen. Ich habe einige dieser Punkte nachvollziehen können, nach der Meditation, denke heute zum Teil noch darüber nach. Eines hat dieses Gespräch sicherlich bewirkt: Ich habe nach dem Tod meiner Mutter wirklich Frieden schließen können mit ihr. Seitdem sehe ich uns immer als zwei junge Frauen kichernd zusammen auf einer Bank sitzen, wenn ich an sie denke.

Auch die Frage des In-Kontakt-Tretens mit Verstorbenen soll in diesem Buch behandelt werden. Es stellt eine Sicht der Dinge dar, die auf altem Wissen genauso basiert wie auf einigen Theorien moderner Wissenschaft und Parawissenschaft. Es beschreibt echte, wirklich erlebte Fälle, spricht über das Aufspüren paranormaler Phänomene und lässt die Theorien der großen Denker und Mystiker einfließen. Dabei handelt es sich nicht um wissenschaftlich belegte Beispiele, sondern spiegelt ausschließlich persönliche Erfahrungen, Erlebnisse und Denkweisen wider.

Das zentrale Anliegen ist es, den Lesern dieses Buches den Kreislauf von Leben und Tod näher zu bringen. Warum? Weil wir gerade zum jetzigen Zeitpunkt das unglaubliche Glück haben, in einer Zeit zu leben, in der die größten Veränderungen der Menschheit seit Jahrtausenden stattfinden werden.

Und weil es einfach an der Zeit ist, die Angst vor dem Tod zu überwinden. Schließlich ist er nichts anderes als ein weiterer Schritt im ewigen Leben.

Eure Toten hören auf,
euch und den Ort ihrer Geburt zu lieben,
sobald sie die Pforte des Grabes passiert haben.
Sie wandeln weit entfernt, jenseits der Sterne,
sind bald vergessen und kehren niemals zurück.
Sicher, Tote vergessen niemals die wunderschöne Welt,
die ihnen Leben gab.
Immer noch lieben sie die gewundenen Flüsse,
die großartigen Berge und die einsamen Täler;
und immer empfinden sie die zärtlichste Zuneigung zu denen,
die mit einsamen Herzen leben, und sie kehren oft zurück,
um diese zu besuchen und zu trösten.

Chief Seattles Rede, 1854

Seele und Tod im Spiegel der Kulturen

Die Vorstellungen darüber, was nach dem Tod kommt, was eine Seele macht und wohin sie geht, sind so unterschiedlich wie die Kulturen auf dieser Welt. Für viele war und ist es ausgesprochen normal, dass die Seelen Verstorbener zurückkommen können, um den noch Lebenden hilfreich zur Seite zu stehen, oder um diese zu erschrecken, zu quälen beziehungsweise anderweitig Einfluss zu nehmen.

Zum Teil gibt es in diesen Mythen ganz kuriose Vorstellungen. So sind die Ojibwa-Indianer davon überzeugt, dass ein Verstorbener noch genauso viele Gefühle hat wie vor seinem Tod. Der Tod befördert ihn eigentlich nur aus dem sichtbaren Lebensbereich hinaus in einen anderen. Seine Seele reist in das Land der Toten, wo sie einen bestimmten Pfad zu durchwandeln hat. Auf diesem Wege wird sie von einer großen Erdbeere versucht. Die Seele, die davon isst, wird augenblicklich verpufft. Die cleveren Seelen, die sich nicht in Versuchung führen lassen, kommen weiter auf ihrem Weg in die Ewigkeit.

Die Seelen können nach Auffassung der Ojibwa auch jederzeit wieder Kontakt mit den Lebenden aufnehmen.

Sibirische Mythen sprechen davon, dass die Seelen im kosmischen Baum im Zentrum des Universums hängen und von Gott auf die Erde geschickt werden, wenn ihre Zeit zur Inkarnation gekommen ist.

Die australischen Ureinwohner bewandeln im Jenseits ihre Traumpfade ähnlich wie sie das im diesseitigen Leben auch tun. Die Maori wenden sich nach ihrem Tod Richtung Norden, weshalb sie auch während ihres Lebens einmal im Norden gewesen sein sollten. Sie betreten übrigens das Jenseits durch die Wurzeln des Kahika Baumes, des Pohutukawa. Das ist ein Baum, der direkt am Meer in der Gischt steht, ganz vorne an den Klippen des nördlichsten Punktes Neuseelands. Hier, auf Cape Reinga, hat ein einzelner Baum den Tod besiegt, indem er auf einer harten Klippe von Meereswellen umspielt überlebt. Es wird gesagt, dass kürzlich verstorbene Seelen zuerst hierherreisen, um durch die Wurzeln dieses Baums in das Meer hinabzusteigen, wo sie ihre Reise durch die Unterwelt beginnen werden. Der Baum selbst ist recht klein, soll nie blühen, aber mehr als 800 Jahre alt sein.

Die Mitglieder des Stammes der nordamerikanischen Tohono O'Odhams in der Wüste Arizonas sehen ihre Angehörigen nach dem Tode im Osten wieder, wo diese auf sie warten.

Die Kelten waren der Meinung, dass der Tod nur mal eben eine kleine Pause im Leben war. Man ging mal schnell hinüber in die Anderswelt, wo man sich erholte und verjüngte. So etwas wie ein Make-Over mit Wellnesscharakter. In dieser Anderswelt lebte man während seines vorübergehenden Todes so weiter, wie man es gewohnt war oder aber auf der Welt gern gelebt hätte, mit allen Sinnen und Freuden des Lebens. Natürlich wussten die Kelten, dass der Körper nach dem Tod verfällt. Deshalb waren sie der Überzeugung, dass jedem Körper im Kopf eine Seele innewohnt, die beim Tod hinaustritt und in eben jene Anderswelt geht. Will sie wieder zurück, lässt sie sich von einer der Quellen an die Erdoberfläche bringen und wartet darauf, dass sie von einer Frau mit Kinderwunsch getrunken wird.

Die Nama-Hottentotten haben sogar einen Mythos über den Ursprung des Todes (und wie gleichzeitig der Hase zu seiner Hasenscharte kam). Sie erzählen, der Mond habe einst die Laus ausgeschickt, den Menschen die Unsterblichkeit zu versprechen: „So, wie ich sterbe und im Sterben lebe, sollt auch ihr sterben und im Sterben leben." Aber unterwegs überholte der Hase die Laus und versprach, er werde statt ihrer die Botschaft überbringen. Allerdings vergaß er den richtigen Wortlaut und verkündete das Gegenteil: „So wie ich sterbe und im Sterben untergehe, sollt auch ihr sterben und im Sterben untergehen." Voll Zorn darüber schlug der Mond dem Hasen aufs Maul – und seitdem ist seine Lippe gespalten.

In Tibet sind die sogenannten Himmelsbestattungen üblich. Eine Angelegenheit für unempfindliche Gemüter. Hier werden die Knochen und Leichname der Verstorbenen in einzelne Teile gebrochen und zerteilt den Geiern zum Fraß vorgeworfen, auch wenn diese es sicherlich respektvoller bezeichnen. Bevor es jedoch zu diesem Beerdigungsritus kommt, wird dem gerade Verstorbenen in sitzender Position drei Tage lang aus dem tibetischen Buch des Todes vorgelesen, sodass seine Seele sich auf die Reise durch das Bardo zwischen Tod und zukünftiger Wiedergeburt vorbereiten und den Körper endgültig verlassen kann. Für die Seele selbst bedeutet der Tod in der tibetischen Kultur eine gewaltige spirituelle Entwicklungsphase. Der Körper ist unwichtig, nur mehr eine leere Hülle und kann als solcher naturkreislaufmäßig der Ernährung der heiligen Vögel überlassen werden. Die Tibeter haben mit ihrem Totenbuch sozusagen eine Anleitung dafür geschrieben, wie die Seelen sich auf ihrer Wanderung ins Jenseits verhalten sollen.

Die östlichen Religionen betrachten den Tod als Transformation. Aus diesem Grunde gibt es auch keinen Totenkult, keine Grabsteine und keine Gedenkfeiern. Der Tod ist ja kein plötzliches Ereignis, sondern man hat sich sein ganzes Leben darauf vorbereitet, dem Rad der

Wiedergeburt zu folgen. Vielen, wie zum Beispiel Anhängern des Hinduismus, ist es allerdings ausgesprochen wichtig, alle Rituale korrekt und gut auszuführen. Denn sonst kann die Seele unter Umständen im Ahnenhimmel nicht angenommen werden, kann somit nicht in den Kreislauf der Wiedergeburt einsteigen und kommt zurück, um den Lebenden als Spuk zur Last zu fallen.

Überall auf der Welt sind antike Grabstätten zu finden, deren Inschriften spezifische Anweisungen, Karten und Ratschläge enthalten, wie man als Seele am besten hinübergeht. Einer der ältesten geschriebenen Texte überhaupt, das ägyptische Ani-Papyrus, enthält Informationen, wie sich der Übergang vom Leben zum Tod und die Trennung von Seele und Körper vollziehen.

Zu alten Zeiten gehörte der Umgang mit den Verstorbenen zum täglichen Leben. Man brachte Opfergaben zu den Gräbern und feierte mit den Toten zusammen wichtige Feste. Das war selbst bei den Urchristen üblich. Hierzu wurden zum Beispiel in den St. Pauls Katakomben in Rabat/Malta neben den Gräbern sogenannte Agapi Tische aufgestellt. Das waren, wie man heute noch sehen kann, steinerne Bistrotische, zu denen man in urchristlicher Zeit sein Essen mitnahm, um gemeinsam mit dem verblichenen Vorfahren zu feiern.

„Sieh, wenn der Mensch stirbt, so stirbt er nicht ganz. Aus seinem Körper wachsen Blumen und Bäume, seine Seele geht durch die Wärme und Kälte zum Wasserfall im Totenreich. Dort durchwandert sie das Gute und das Böse und kehrt wieder zur Erde zurück. Solange die Seele im Totenreich ist, hat sie Macht über alle Menschen. Sie will, dass man die Gesetze der Vorfahren achtet, sonst bringt die Totenseele den Lebenden Unglück. Man muss die Toten ehren. Darum bringen sie auf die Gräber das Essen – auch die Seele soll Speise haben ... So feierte man früher die Toten, die ja mit uns zusammenleben, über den Tod hinaus. Die Jugend mag wohl über uns oft lachen. Die Welt wird anders, die Jungen meinen klüger zu sein als wir und sagen, der Tote sei tot und lebt nicht mehr. Aber falsch ist das. Er lebt genau wie die Lebenden, darum hat man auch über seinem Grab oft ein kleines Haus gebaut, wie du hier gesehen hast. Durch die Fenster ziehen die Seelen, wenn sie wandern wollen, oder die Eltern und Geschwister besuchen gehen." So heißt es in den „Finnischen Gesprächen".

Natürlich, so sagte mir Tom Blue Wolf vom Stamm der Muscogee im Südosten der USA, glaube er an ein Leben nach dem Tod und an die Wiedergeburt. Aber nicht so, wie viele es sich vorstellen, dass die Seele den Körper verlässt und als körperloses Etwas durch das Seelenland irrt, bis sie dereinst wieder einmal entscheidet zu inkarnieren. Nein, für ihn verlässt die Energie im Moment des Todes den Körper. Eine sich-bewusste Energie, die von der vierdimensionalen Ebene, die sie erfahren wollte, wieder in die mehrdimensionale wechselt. Und dort kann sie sich als Energie mit allem auf der Erde und im gesamten Universum verbinden. Sie könnte sich zum Beispiel dazu entscheiden, Jahrtausende als Teil des Sternenwinds umher zu brausen oder sich in einzelnen kleinen Energieteilen mit Pflanzen und Tieren verbinden, andere Energieformen auf anderen Planeten oder Leben eingehen oder auch irgendwann – so sie denn limitierte Erfahrung in einem Erdenkörper erneut favorisiert – auch hier wieder inkarnieren. Diese Art der Sichtweise kommt denen der Buddhisten recht nahe, ohne allerdings das Karma mit einfließen zu lassen, das Rechenschaft fordert. In der Sichtweise der Muscogee ist das Leben einmalig, dazu da, schön und glücklich und in Eintracht mit der Natur geführt zu werden, ohne offene Rechnungen zu hinterlassen im Angesicht des Todes. Schließlich sind wir Menschen die Hüter der Erde und tragen als solche auch eine Verantwortung. Und was für eine herrliche Idee, Jahrtausende als Sternenwind zu verbringen. Huuih!

In großen Teilen der Welt haben sich die abrahamitischen Religionen durchgesetzt. Christentum, genau wie Islam und Judentum, glauben an die Existenz einer Seele. Während im Judentum der Glaube an eine Wiederauferstehung der Seele existierte – in unterschiedlicher Form, teils körperlich, teils als Aufgehen in der Weltenseele – sind die Anhänger der Kabbala von der Reinkarnation überzeugt. Im Islam entscheidet die Lebensführung während des irdischen Daseins darüber, ob eine Seele im Paradies oder in der Hölle weiterlebt. Die Urchristen waren ebenfalls von einer Reinkarnation überzeugt, allerdings sind diese Glaubensansätze schon recht früh in der Entwicklung der christlichen Gemeinschaft aus den heiligen Schriften verbannt worden. Es ist bis heute ziemlich unklar, wie der Reinkarnationsgedanke durch Obrigenes in das christliche Gedankengut kam, denn er war eigentlich mehr gnostischer Natur. Ebenso unklar ist es, wie, wann und warum genau er wieder daraus gestrichen wurde. Sicher ist, dass die Lehre der präexistenten Seele des Obrigenes auf Drängen des Kaisers Justinian auf dem fünften ökumenischen Konzil von Konstantinopel im Jahr 553 n. Chr. verdammt wurde. Auf einigen nachfolgenden Konzilen während des Mittelalters wurde diese Entscheidung wieder und wieder bestätigt.

Anders als die Vertreter östlicher Glaubensrichtungen oder indigener Überzeugungen kommen die Anhänger der abrahamitischen Religionen bis heute also nicht in den Genuss der Wiedergeburt, sondern müssen bis zum jüngsten Tag warten, wo dann über ihr endgültiges Schicksal entschieden wird. So etwas wie eine zweite Chance gibt es nicht. Wer sich nicht daran hält, schmort im Fegefeuer. Dieser Ort der Verdammnis war im ursprünglichen Christentum in dieser Form auch nicht vorhanden, hat aber durchaus – wie manche behaupten – als Machtinstrument seinen Zweck erfüllt.

Erfunden wurde der Glaube von der Hölle, dem Fegefeuer und der Erbsünde von Augustinus von Hippo (*354-430 n. Chr.), dem, genau wie Justinian, die Versöhnungslehren des Obrigenes ein Dorn im Auge waren. Die Hölle ist demzufolge eine Erfindung, die erst 350 Jahre nach Christus von der Kirche als Gesetz aufgestellt und ratifiziert wurde. Im Wesentlichen folgen die Christen seitdem also einer Idee, die irgendjemand sich einmal gebastelt und für allgemeingültig erklärt hat. Millionen von Menschen machten sich deshalb das Leben schwer, büßten, kauften Ablassscheine, baten und bitten noch heute.

Seit meiner Schulzeit, in der ich im Abiturjahr eine Arbeit über Indien abliefern musste, faszinieren mich Religionen. Im Laufe der Zeit habe ich mich schon durch eine Vielzahl von Büchern gewälzt, immer auf der Suche nach Wahrheiten, die ich für mich so wiederempfinden kann. Natürlich fand ich es ausgesprochen interessant, als ich darüber las, dass die Hölle eine pure Erfindung ist. Kam es mir doch schon immer so vor, dass ein Wesen der Liebe andere nicht mit Qualen bestraft, sondern eher einen gangbareren Weg sucht, um getanes Unrecht oder gar begangene Untaten zu sühnen. Der Weg des Karmas scheint mir persönlich in diesem Zusammenhang wesentlich aussichtsreicher und auch gerechter zu sein. Wobei ich nicht als Wahrheit festhalten möchte, dass ich im Falle eines Falles als Fliege oder Kuh inkarniere, aber davon überzeugt bin, dass ich das von mir hinterlassene Chaos in diesem oder eben einem nächsten Leben wieder aufräumen muss, damit alles wieder in Einklang und Balance ist. Mir persönlich begegnete mein Karma einmal während eines Reiki-Austausches, als ich diejenige war, die gerade mit Energien beschenkt wurde:

Es war ziemlich kalt. Der Winter würde nicht mehr lange auf sich warten lassen. Ich war wie alle Mitbewohner des kleinen Dorfes in dicke Fell- und Filzsachen gehüllt. Wir waren gerade erst hier angekommen und hatten unsere Jurten aufgeschlagen. Im hinteren Ende des Dorfes standen noch die großen Wagen. Sie hatten übermannshohe Räder und wurden von zwei Reihen Zugtieren gezogen, die jetzt friedlich auf den Hängen rund um das Dorf grasten.

Den Winter über würden wir hierbleiben. Hier, in den Bergen. Das Licht brach sich auf den Gebirgshängen, an denen der erste verstreute Schnee blau schimmerte. Darunter ergoss sich der See in tiefem Türkisblau. Das dreckige Orangebraun des spärlichen Grasbewuchses zeugte davon, dass der Sommer sehr heiß und trocken gewesen war. Glücklicherweise hatten wir unsere Jurten in einer geschützten Ecke aufgestellt. Direkt unter den Gebirgshängen waren sie vor den kalten Winterstürmen leidlich geschützt.

Ich saß sinnend am Feuer und dachte nach, dann erhob ich mich und machte mich an die Vorbereitungen für das Essen. In den Nachbarzelten waren die Frauen nach dem Melken und dem Zubereiten des Frühstücks noch mit dem Morgenopfer beschäftigt. Mit einer Holzkelle und einem Milchgefäß standen sie vor ihren Jurten und spritzten jeweils eine gefüllte Kelle in alle Himmelsrichtungen.

Ein Tier war am Kopf aufgehängt. Am Hals klaffte eine tiefe Wunde, das blutige Fell zurückgeschlagen. Ich hatte das Tier ausgenommen. Jetzt würde es dort hängenbleiben, bis es Zeit war, den toten Tierkörper zum Garen mit den erhitzten Steinen zu füllen. Den letzten Stein hatte ich noch in der Hand, als ich in der Ferne eine Staubwolke wahrnahm. Die Krieger kamen zurück. Auch mein Mann würde dabei sein. Ich war nicht gern bei ihm. Er hatte mich geraubt. Hier lebte ich jetzt ohne Privilegien und konnte froh sein, dass er mich zur Frau genommen und keine Sklavin aus mir gemacht hatte. So war ich zumindest vor den Nachstellungen und Brutalitäten der anderen sicher, wenn auch nicht vor denen meines eigenen Mannes.

Der Krieger sprang von dem kleinen Reitpferd und wartete darauf, dass ich zu ihm kam, um ihm den Willkommenstrunk zu reichen. Mit zitternder Hand reichte ich ihm den Becher, meine linke Hand wie zur Unterstützung unter den rechten Ellenbogen gelegt. Er schlug mir den Becher aus der Hand, ging hinein und ließ sich müde in seinem Teil der Jurte auf sein Lager fallen. Aufatmend presste er seine rechte Hand kurz in seine Seite. Kopfschmerzen. Der Schamane sagte, es wäre die uralte Verbindung, die ihn mit einem anderen Leben verband. Mein Mann war für seine Wutanfälle berühmt. Hauptsächlich, wenn er Schmerzen hatte. Je älter er wurde, umso heftiger wurden sie und umso mehr Mühe hatte er, sich wieder zu bändigen.

„Frau“, er schrie es mit hasserfüllter Stimme. „Bring mir meine Kleider.“ Mit hängendem Kopf kam ich von der anderen Seite der Jurte herüber, wo ich kniend auf seine Befehle gewartet hatte. Über dem Arm trug ich die Sachen, die ein Krieger im Lager zu tragen pflegte. Die große Pelzmütze mit den Ohrenklappen, blaue Filzstrümpfe und Filzstiefel sowie den bis zu den Knien reichenden Pelzmantel. Zitternd hielt ich sie ihm entgegen. Mit dem Fuß trat er nach meinem Arm und schleuderte die Kleider auf den staubigen Boden.

„Schlampe, Hure“, schrie er und sprang auf. Mit einem harten Schritt war er bei mir und schlug mir mit der rechten Hand kräftig ins

Gesicht. „Mach mir Essen." Ich schleppte mich mit schweren Schritten zur Feuerstelle in der Mitte und nahm den Topf herunter. Wenn ich nichts sagte, ließ er mich vielleicht in Ruhe. Doch schien sich seine Wut nicht zu legen. In den rauen Händen hielt er den Mantel und stand mit rotem Gesicht vor mir. Er schleuderte das Kleidungsstück weit hinter sich, zog mich an den Haaren hoch und hinter sich her, bis er sein gebogenes Schwert erreichen konnte. Ohne hinzublicken zog er es aus der Scheide und hob es hoch. Ich wäre Schuld, dass er noch immer unter diesen Schmerzen litt, schrie er. Ich wäre schuld, dass er die Liebe nicht fühlen konnte, die ihn heilen könnte. ... einige Zeit später ließ er von mir ab. Ich lag schweratmend auf dem Boden. Blut tropfte aus Mund und Nase. Er schleuderte das Schwert von sich und verließ die Jurte, ohne sich noch einmal umzudrehen.

Als ich zurück kam aus dieser meditativen Konzentration wusste ich, dass ich dieser Krieger gewesen war. Plötzlich war es mir klar, warum ich in einer gewalttätigen Beziehung steckte, gebunden an einen Schläger und Säufer. So gesehen hatte sich meine Seele ein Umfeld ausgesucht, wo ich genau die Erfahrung am eigenen Leib machen konnte, die ich in einer früheren Inkarnation als Mann der damaligen Lebenspartnerin zugedacht hatte.

Vielleicht ein Karma, vielleicht eine Wiedergutmachung, vielleicht aber auch einfach nur eine Erfahrung, die gemacht werden wollte. Glücklicherweise hatte es im Jetzt und Hier nicht mit Mord geendet. Ein paar Monate nach dieser Rückführung habe ich mich aus dieser Beziehung getrennt, zog in eine andere Stadt und begann noch einmal ganz von vorn. Ein Kapitel meines Lebens hatte sich vollendet und eine neue Seite im Buch des Lebens geöffnet.

In der modernen, industrialisierten Welt wurde der Glaube an ein Leben nach dem Tod lange Zeit lächerlich gemacht, als wissenschaftlich unbeweisbar und somit Unsinn abgetan. Die Wissenschaft hat ganze Arbeit geleistet. Nach dem Motto, dass nicht ist und nicht sein kann, was nicht empirisch und mit gängigen Messgeräten bewiesen werden kann, hat sich ein großer Teil unserer Gesellschaft daran gewöhnt, dass nur dieses eine Leben zählt und aus diesem das Optimale herausgeholt werden muss. Finanziell und materiell versteht sich – denn nur so definiert man sich im 20. und 21. Jahrhundert. Haste was, biste was. Macht, Geld und Gier spielen eine übergeordnete Rolle. Die Spiritualität ist uns – bis auf wenige Ausnahmen – im Laufe der Jahre verloren gegangen. Mit einer solchen Lebensführung ist der Tod natürlich nur sehr schwer vereinbar. Am besten denkt man gar nicht daran, nimmt mit im Leben, was sich nur bietet – nach uns die Sintflut! – und versucht, dem Tod so lange es irgendwie geht ein Schnippchen zu schlagen.

Glücklicherweise zeichnet sich in jüngster Zeit wieder ein Umdenken ab. Es scheint, dass das Pendel – in diesem Fall der jahrhundertelange Glaube – wieder zur anderen Seite schlägt. Nicht mehr nur beweisbares Wissen zählt, sondern auch eine spirituelle Ausrichtung findet wieder Eingang in unser Leben. Zum Menschen gehören wieder mehr als Geld und Gut. Was manche als einen Übergang zur 5. Dimension beschreiben, erfahren andere als eine Zeit, in der sie sich auf die Energien besinnen, die nicht-körperlicher Natur sind. Reiki, energetische Heilmethoden, Rituale wie Schwitzhüttenzeremonien finden wieder Eingang in das moderne Leben. Menschen beginnen wieder zu lernen und zu fühlen, was vor Jahrtausenden schon gängiges Wissen war. Das Ziel sollte es sein, für die gegensätzlichen Erfahrungen von Wissenschaft auf der einen und Spiritualität auf der anderen Seite gemeinsame Nenner zu finden. Während die Wissenschaft im trägen menschlichen Intellekt verhaftet ist, bewegt sich die Spiritualität im Reich des Bewusstseins mit einer ungleich höheren Flexibilität. Die Menschheit hat sich gerade auf den Weg gemacht herauszufinden, wie sich beide Anschauungsweisen in einer Synergie, einem gemeinsamen Denkmodell, was beidem Rechnung trägt, vereinen lassen.

Die alten Riten und das kulturelle Gedankengut rücken wieder mehr in das Blickfeld der Menschen. Fernöstliche und indigene Philosophien haben Eingang in unser Denken gefunden und bringen das Wissen um Reinkarnation, Seelenwanderung und eine Existenz im Jenseits wieder zurück. Gerade in den letzten Jahren besinnen sich wieder sehr viele Menschen auf die Spiritualität. Sie sind offen für neue Ideen, die oft auf alte Wurzeln zurückzuführen sind. Man informiert sich, probiert aus und viele adaptieren die neuen Erfahrungen auch bereits in ihren Lebensstil. Die Existenz der Seele ist wieder mehr ins Bewusstsein gerückt, ihr Wohlergehen und ihre Erfahrungen sind wieder wichtig.

„Vielleicht gelangt die künftige wissenschaftliche Forschung zu der Erkenntnis, dass alle Wirklichkeiten die Dimensionen ein und desselben Raumes sind, der daher weder materiell noch geistig ist. In der einen Dimension leben sie als Körper, in der anderen als Seele", schreibt Fernando Pessoa in „Das Buch der Unruhe".

Was ist die Zeit?
Ein Geheimnis – wesenlos und allmächtig.
Die Bedingung der Erscheinungswelt,
eine Bewegung, verkoppelt und vermengt dem Dasein
der Körper in Raum und ihrer Bewegung.
Wäre aber keine Zeit, wenn keine Bewegung wäre?
Keine Bewegung, wenn keine Zeit?
Frage nur! – Ist die Zeit eine Funktion des Raumes?
Oder umgekehrt? Oder sind beide identisch?...

Thomas Mann, Der Zauberberg

Über Zeit, Energie, Licht und Materie

„Guten Tag. Mein Name ist Za:hee'rat. Ich bin eine Seele. Das heißt, ich bin Energie. Ich bin Nichts und ich bin Alles. Ich bin hier und ich bin dort, überall und zu jeder Zeit. Ich bin ein integrierter Teil des großen Ganzen. Und ich bin ein einzelner Teil des großen Ganzen. Ich bin ein göttlicher Funke. Ich bin das Universum und ich bin das Molekül.

Geboren bin ich nie, oder zu Anbeginn der Zeiten. Damals war alles nichts. Es gab nichts. Es gab nur den Gedanken – den Schöpfergedanken, der im absoluten Nichts von Nicht-Zeit und Nicht-Raum ruhte.

Dann erdachte sich dieser Gottesgedanke Dualität und Polarität. Sozusagen, damit endlich mal etwas mehr los ist als im absoluten Einerlei. Am Anfang war sozusagen gar nicht das Wort, sondern der Gedanke. Ihr – oder wir Menschen, wenn ich auch inkarniert bin – nennen das den Urknall. Aus einem kleinen Punkt Nichts, kleiner als eine Nadelspitze, entstand das erste Universum. Das ist schon etwas ganz Besonderes, wenn sich aus purem Gedanken Materie entwickelt. Da kann man mal sehen, wie mächtig die Energie der Gedanken sein kann. Das glaubt heute beinahe keiner mehr. Und trotzdem ist es so.

Glaube versetzt Berge – dieser Spruch kommt gar nicht von so ungefähr. Schließlich ist auch Glaube nichts anderes als ein starker, immer wiederkehrender und sich dadurch manifestierender Gedanke.

Jedenfalls entwickelte sich aus diesem Mini-Punkt-Universum der große Kosmos mit all seinen Milchstraßen, Galaxien, Sternhaufen, Sonnen und Planeten und natürlich auch das, was ihr Lebewesen nennt. 13,7 Milliarden Jahre ist dieses Universum alt – denkt Ihr. Das ist der Zeitpunkt, zu dem Ihr sagt, dass der Urknall gewesen wäre, und das Universum anfing, zu bestehen und zu wachsen. Naja, wenn Ihr das sagt ... auf alle Fälle messt Ihr so eure sogenannte Zeit.

Zusammen mit diesem Urknall sind auch die Seelen gekommen. Einfach ausgedrückt sind sie das, was um die ganze Materie herum ist und die Materie selbst. Sie sind die Energie, die Schwingungen, die Lichtwellen, die Quanten – mein Gott, wie viele Worte Ihr dafür habt. Sie sind die Steine, die Berge, die Bäume, die Tiere und die Menschen. Sie sind die Kohlestoffeinheiten auf der Erde und existieren in anderen Formen auf einer Vielzahl anderer Planeten. Sie sind de facto die Planeten, die Sonnen, die Asteroiden, der Sternenstaub. Und sie sind auch das Nichts zwischen alledem – und das, was Ihr Dunkle Materie nennt. Warum eigentlich habt Ihr bloß diesen Namen erfunden? Materie ist es nicht einmal – und wieso überhaupt dunkel? Bloß weil Ihr nichts sehen könnt? ...“

So oder so ähnlich könnte eine Seele Auskunft erteilen, wenn man sie über ihren Ursprung und ihr Dasein befragt. Laut allgemeinem Dafürhalten ist die Welt dreidimensional, denn mit den menschlichen Sinnen lassen sich nur die Ausdehnung in Länge, Breite und Tiefe/Höhe wirklich erfassen. Mit diesen drei Abmessungen, so sagt man, lässt sich jedes „Ding“ auf dieser Welt beschreiben und darstellen. Ist das wirklich so? Ist die Welt nur dreidimensional?

Stellen Sie sich vor, Sie stehen an Ihrem Traumstrand. Die Wellen gurgeln sacht auf den Sand, die Sonne wechselt gerade in sanftes Orange. Eine leichte See-Brise streicht über Ihre Arme. Der Geruch des Meeres erfüllt Ihre Nase. – Halt! Einen Moment mal! – Das alles würden Sie in einer dreidimensionalen Welt gar nicht sehen, hören oder fühlen können. Hierzu ist die vierte Dimension unabdingbar: die Zeit. Nur dadurch, dass diese verstreicht und fortschreitet, besteht überhaupt erst die Möglichkeit, etwas riechen, schmecken, lesen, sehen, hören oder fühlen zu können. Ohne Zeit ist keine Erfahrung erlebbar, sondern es gäbe nur statische Momentaufnahmen. Der Mensch, limitiert in der Inkarnation hier auf der Erde, könnte nicht erfahren, wie sich etwas entwickelt, wächst, fortbewegt usw. Denn alle diese Erfahrungen bedingen einen Ablauf – sind somit eine Bewegung in der Zeit. Damit wäre die Welt, in der wir leben, also mindestens vierdimensional.

Allerdings ist das mit der Zeit auch so ein Ding, denn eigentlich gibt es immer nur den Moment „Jetzt“. „Die Zeit kommt aus der Zukunft, die nicht existiert, in die Gegenwart, die keine Dauer hat, und geht in die Vergangenheit, die aufgehört hat zu bestehen.“ So stellte im vierten Jahrhundert nach Christus der römische Philosoph Aurelius Augustinus fest. Albert Einstein war noch deutlicher. Für ihn war die Unterscheidung zwischen Vergangenheit, Gegenwart und Zukunft schlichtweg ein Gerücht, das sich hartnäckig hielt. Stephen Hawkings beschrieb die Zeit als Problem des Menschen und nicht der Physik. Die größten Physiker unserer Zeit sind sich also darüber einig, dass Zeit ein Phänomen ist, das zwar für das menschliche Dasein existiert, für die Physik ansonsten aber keineswegs notwendig ist. Wenn das für die Wissenschaften gilt, gilt es dann auch für die Existenz des Menschen? Welchen Einfluss hat die Existenz bzw. Nichtexistenz der Zeit auf das Leben im Diesseits oder Jenseits?

Die Zeit ist etwas, was uns für dieses Leben auf dieser Erde zur Verfügung gestellt wird. Nur so hat die Seele die Möglichkeit, auf diesem besonderen Planeten ganz außergewöhnliche Erfahrungen zu machen. Denn schließlich kommt eine Seele genau deshalb hierher. Das kann sie aber nur, wenn sie einen empfindungsfähigen Körper hat und Zeit, um etwas wahrnehmen, erfahren oder erleben zu können.

Wie jedoch verhält es sich auf der Seelenebene? Wie kann es sein, dass wir in Reinkarnationstherapien und unter Hypnose auf frühere Leben zurückgreifen können als würden sie heute geschehen? Hypnotiseure genau wie Hypnotisierte berichten, dass es nicht nur einfach Erinnerungen sind, die da auftauchen. Vielmehr ist es ein Stück Leben, das noch einmal erlebt wird – inklusive aller Gefühle, Schmerzen, Sehnsüchte und Empfindungen. Spricht das nicht dafür, dass wir, sobald wir diese vierdimensionale Welt auf die eine oder andere Art verlassen, auch aus der „Bewegung in der Zeit" austreten?

Das wurde in den letzten Jahrtausenden wissenschaftlich in den Bereich der Unmöglichkeit verwiesen und als Hexerei, Ketzerei oder erst kürzlich als New Age-Spinnerei abgetan. Allerdings haben gerade im letzten Jahrtausend einige wissenschaftliche Entdeckungen stattgefunden, die langsam in die Richtung weisen, dass Physik und Spiritualität sich nicht unbedingt ausschließen müssen.

Während man basierend auf Newtons Entdeckungen und Berechnungen jahrhundertelang Zeit und Raum als feststehende Größen betrachtete, nahm zu Beginn des 20. Jahrhunderts eine neue Denkweise ihren Anfang. Ausgelöst wurde sie im Wesentlichen von Albert Einstein, der im Rahmen seiner Forschungen herausfand, dass nicht die Zeit selbst, sondern die Lichtgeschwindigkeit die Konstante, die feststehende Größe, ist. Ein weiteres Ergebnis seiner Forschungen war, dass Raum und Zeit untrennbar miteinander verbunden sind.

„Früher hat man geglaubt, wenn alle Dinge aus der Welt verschwinden, so bleiben noch Raum und Zeit übrig. Nach der Relativitätstheorie verschwinden aber Raum und Zeit mit den Dingen." So lautete seine kurze Zusammenfassung der revolutionierenden Ergebnisse. Nach der Relativitätstheorie ist es nämlich so, dass die Zeit unterschiedlich schnell vergeht – nämlich bezogen darauf, ob man die Zeit aus der Sicht dessen sieht, was sich bewegt oder der Sicht dessen, was sich nicht bewegt.

Kurz zusammengefasst heißt das also, dass die Zeit Ansichtssache ist, die physikalischen Gesetze in keinster Weise beeinflusst und dieser Erdball somit eigentlich ohne sie ganz gut klarkommen könnte.

Kann es denn sein, dass wir die Zeit wirklich nur erhalten haben, damit wir unsere Erfahrungen machen können in einer physikalisch limitierten Umwelt? Ein Geschenk des Himmels sozusagen – vom universellen Bewusstsein für unser kleines Ich.

Auch zum Thema Reinkarnation möchte ich als Einschub eine kleine Geschichte aus eigener Erfahrung einstreuen. Eigentlich war ich niemand, der sich für seine früheren Leben interessierte. Wenn der Schleier des Vergessens geworfen wird, so hat es sicherlich einen Sinn. Das war immer meine Meinung. Trotzdem kam ich bei einigen Gelegenheiten meinen früheren Leben nahe, manchmal sah ich nur kurze Momente, manchmal jedoch waren es richtige Geschichten. Diese hier erfuhr ich, als ich mich auf eine Rückführung einließ, mehr aus Neugierde; ich wollte einfach einmal wissen, ob das geht. Offensichtlich war ich einmal eine Frau gewesen, die man heute wohl als Hexe bezeichnet hätte:

Es war eine dunkle Nacht. Neumond. Selbst die Sterne hatten sich hinter die Wolken zurückgezogen. Hin und wieder erleuchtete eine Fackel die stockschwarze Nacht. Ihr Flimmern züngelte sich an den Wänden eines Turmes nach oben. Beleuchtete zischend einmal die eine, einmal die andere Ecke. Irgendwelche nächtlichen Feierlichkeiten klangen langsam aus. Auf der Ebene vor dem Berg warteten Menschen.

Ich gehörte zu einer Gruppe von Frauen, offensichtlich Priesterinnen. Wir riefen die Göttin an und baten um ein Gelingen für die geplante Zeremonie. Und wir waren nicht allein auf dem Berg. Sondern neben uns stand mit weit geöffneten Armen, die Köpfe in den Himmel gereckt, eine Gruppe Männer in langen weißen Gewändern, Priester. Es war unsere Aufgabe, das Gleichgewicht der Welt wieder zurück zu bringen. Die männlichen und weiblichen Energien mussten wieder ungehindert gemeinsam fließen.

Entschlossen hob ich den rechten Arm und malte ein Zeichen. Langsam umschritten wir gemeinsam das Feuer. Sieben Mal, wie es die Göttin vorschrieb. Dreimal für die drei Inkarnationen der Göttin selbst und viermal für die vier Himmelrichtungen. Dann blieben wir stehen. Die Priester auf dem einen halben Rund und die Priesterinnen auf der anderen Seite des Feuers. Ich hob den Kelch der Macht, den ich vor kurzem an der heiligen Quelle der Göttin gefüllt hatte, goss ihn dann langsam aus und sagte: „Ich gebe die Energie des Weiblichen." Kurz darauf tat einer der Männer dasselbe: „Ich gebe die Energie des Männlichen."

Es war, als ob die Zeit stillstand. Nichts war zu hören, als auf einmal ein Wind einsetzte. Der Turm hob sich wie ein schwarzer Finger gegen den Himmel ab, der noch immer nachtblau schimmerte, aber schon Anzeichen der Dämmerung zeigte.

Plötzlich rief jemand aus der Menge: „Schaut!"

Eine leuchtende Nachtwolke schob sich heran. Fluoreszierend mit phosphorgrün schimmernden Rändern. Mit unglaublicher Geschwindigkeit breitete sie sich in jede Richtung aus. Als ob jemand den Nachthimmel mit einer leuchtenden Decke verhängte. Die Winde hoben sich und ein einsetzender Sturm fegte über uns hinweg. Wir hielten uns aneinander fest. Kämpften gemeinsam gegen den Sturm, der alles durcheinanderwirbelte. Verzweifelt rief ich die Göttin an, zeichnete die heiligen Symbole gegen den Sturm. Der Priester tat dasselbe. Wir sahen die züngelnden Flammen nicht, die gleichzeitig unsere Umhänge ergriffen. Ein Windstoß fächelte sie weiter an und einen Moment später standen wir beide in Flammen.

Warum das passierte, und was ich genau dort tat, wurde mir in der Rückführung nicht enthüllt. Ich hatte lediglich begriffen, dass ich wohl eine mächtige Frau in dieser Inkarnation gewesen sein musste, die im Feuer umgekommen war, weil sie „die Geister, die sie rief" wohl doch nicht beherrschen konnte.

Mit dieser Erfahrung, die sich übrigens wirklich echt anfühlte – ich schaute nicht nur Fernsehen, ich war aktiv dabei –, hatte ich den Raum der Zeit verlassen und war in eine andere Dimension gerutscht. Ich hatte die Worte gesprochen, hatte den Wind gefühlt, hatte den

Brand an meiner Kleidung gerochen und hatte gespürt, wie die heißen Flammen nach meiner Haut griffen; glücklicherweise habe ich die Schmerzen des Verbrennens nicht gefühlt, sondern wurde vorher zurückgeholt ins Hier und Jetzt. Das Wissen um das seinerzeit Geschehene blieb mir bis heute verborgen. Vielleicht ist es für meine jetzige Inkarnation auch gar nicht wichtig.

Wichtig für mein jetziges Leben ist allerdings, dass ich aus der Rückführung mit einem gestärkten Selbstbewusstsein zurückkam. Ich war mir plötzlich darüber im Klaren, dass mehr hinter der Person „Edit Engelmann“ verborgen lag und ich über größere Kräfte verfügte, als ich zuließ. Es steckte mehr in mir, als ich mir bis dahin bewusst gewesen war. In gewissem Sinn öffnete sich damit etwas in mir, sodass ich mehr mir selbst und meiner eigenen Kraft vertraute. Ich fühlte mich, als hätte ich diese Frau und ihre Energie wieder integriert.

Hatte das Einfluss auf mein Leben? Natürlich. Ich traue mir seitdem viel mehr zu.

Materie ist nach sicherem Verständnis alles, was wir mit unseren fünf Sinnen erfassen können. Also Gegenstände, die physikalisch gesehen eine Masse besitzen und in verschiedenen Aggregatzuständen auftreten. Sie bestehen aus unterschiedlichen Molekülen, die sich wiederum aus Atomen zusammensetzen mit Atomkernen und einer Elektronenhülle. Allerdings bezog der berühmte Max Planck schon vor beinahe einem Jahrhundert im Rahmen eines Vortrags Gott in die physikalische Planung mit ein: „Es gibt keine Materie an sich. Alle Materie entsteht und besteht nur durch eine Kraft, welche die Atomteilchen in Schwingung bringt ... so scheue ich mich nicht, diesen geheimnisvollen Schöpfer ebenso zu benennen, wie ihn alle Kulturvölker der Erde früherer Jahrtausende genannt haben: Gott! ...“

Im selben Zeitraum gaben außer Planck auch andere Forscher immer neue Einzelheiten bekannt, aus denen hervorging, dass alle Materie auf ihrer sub-atomaren Ebene Schwingung, also Energie, ist. Max Planck nannte das „Quanten“ und erfand somit die Quantenphysik. Noch dazu können diese Teilchen oder Wellen (sie existieren nämlich gleichzeitig in beiden Formen) quasi hin- und herspringen, ohne dabei Zeit und Raum durchqueren zu müssen, auch Informationen erhalten sie von weit voneinander entfernten verschränkten Quanten quasi gleichzeitig.

Jetzt ist aber so ein Elementarteilchen nicht nur eine energetische Schwingung, sondern besteht auch aus energetischen Teilchen. Verblüffend ist, dass keine der beiden Eigenschaften der Energie – Teilchen oder Welle – feststehend ist, sondern sich eigenständig ändert. Und zwar, wie bei der Zeit, kommt es auf den Betrachter an. Will dieser z. B. ein Teilchenexperiment durchführen, sind sie eben Teilchen. Will er ein Wellenexperiment machen, zeigt es sich als Welle. Das heißt, das Teilchen oder die Welle erschafft sich selbst in der Form, in der sie erdacht wurde. Diese Elementarteilchen wissen sozusagen, was ihre Beobachter denken und verhalten sich dementsprechend. Im Umkehrschluss hieße dies, dass diese Teilchen (die eine Materie) ein gemeinsames Bewusstsein haben muss mit dem Beobachter (die andere Materie), um zu wissen, was dieser denkt? Wenn das aber so ist, müsste es sich ja um ein Bewusstsein handeln, das von jeglicher Materie verstanden wird. Damit wären wir wieder beim universellen Bewusstsein angelangt, aus dem alles hervorgeht und mit dem alles verbunden ist. Auch unsere Seele. Dementsprechend hätte unsere Seele wie die Teilchen dann auch ein Schöpferbewusstsein. Ganz wie es uns die alten Lehren beschreiben. Dürfen wir demzufolge behaupten, dass sich unsere Seele, dieser göttliche Funke, die Materie um sich herum auf Zeitebene schafft, die nötig ist, um die gewünschten Erfahrungen zu machen?

Ich behaupte mal: Ja. Natürlich mache ich – unbewusst – das nicht alleine so, sondern jeder macht für sich dasselbe. Und da gibt es sicher einen Haufen Überschneidungen, die sich – erinnert Euch an das Bild vom Spinnennetz – gegenseitig beeinflussen. Umso wichtiger, dass wir uns darüber bewusst bleiben, wie wichtig es ist, was und wen wir mit unseren Entscheidungen und dem Leben, das wir uns erschaffen, beeinflussen können und dürfen.

Energie. Licht. Materie. Mal Welle. Mal Teil. Mal da und mal weg. Mal Nichts. Mal Alles. Laut Einsteins berühmter Äquivalenz von

Masse und Energie lassen sich Masse und Energie ineinander umwandeln. Das besagt seine Formel E=mc2. Das wäre ja dann auch die Formel für den Schöpfungsakt: aus Energie Materie machen. Übrigens gelang 1997 zwei amerikanischen Forschern ein solcher. Zwar war es seinerzeit nur eine kleine Hundertschaft Elektronen. Aber trotzdem – man hatte aus „Nichts“ Materie erschaffen. Hat Gott es vielleicht ebenso gemacht?

Wenn wir all diese wissenschaftlichen Grundlagen in Betracht ziehen, dann darf doch mit Fug und Recht behauptet werden: Der Mensch ist auf seiner sub-atomaren Ebene nichts anderes als Energie und existiert für die Dauer seines Daseins auf Erden als Materie in einem speziellen Raum/Zeit-Kontinuum.

Die Zeit ist Bewegung im Raum.

Joseph Joubert

Der Zeittunnel des Lebens

In der Stadt Wülfrath gibt es ein übermannshohes altes Abfallrohr. Wenn man dort hineingeht, wandelt man durch 400 Millionen Jahre Erdgeschichte, sieht Zeichnungen an den Wänden, Filme von Dinosauriern, Abbildungen von Vulkanen, Reste alter Fossilien. Man sieht die Geschichte, die das Wesen Erde in ihrer bisherigen materiellen Existenz vom Urknall bis heute erfahren hat – geschrieben und gemalt an die inneren Tunnelwände.

Übertragen wir diese Idee und stellen uns die individuelle Lebenszeit eines Einzelnen als einen solchen Tunnel vor. Wir hatten gesagt, dass unser Planet auf Grund des darauf bestehenden Raum/Zeit-Kontinuums ein idealer Platz ist, um eine Erfahrung zu machen. Während im Lichtraum der Ewigkeit das Absolute herrscht, gelten auf der Zeitachse des Lebens alle uns vertrauten materiellen und physikalischen Gesetze. Dort – im universellen Bewusstsein – gibt es weder Zeit noch Raum. Alles geschieht gleichzeitig und überall – ein schwer fassbares Konzept für den menschlichen Verstand. Dort können also wie zuvor beschrieben keine körperlichen Erfahrungen gemacht werden. Will eine Seele eine Erfahrung machen, eine alte Herausforderung aufarbeiten oder einer anderen Seele auf deren Erfahrungsreise wiederbegegnen, muss sie sich in das materielle System begeben. Sie muss eine Zeitachse haben, sie muss Gegensätze erfahren können. Sie muss Probleme und Lösungen er„leben" können, sonst wäre die gewünschte Erfahrung ja unmöglich.

Im Kreislauf Materie/Ewigkeit macht sich die Seele also auf den Weg ins Fleisch und inkarniert. Sie begibt sich in den Zeittunnel des Lebens. Diese Tunnel-Analogie wurde von Neale Donald Walsch in seinem Buch „Zu Hause in Gott" ausführlich beschrieben und soll auch hier zur Verdeutlichung aufgegriffen werden. Nach diesem

Schaubild wird unterschieden zwischen dem Lichtraum der Ewigkeit, dem eigentlichen „Zu Hause" der Seelen, und dem Tunnel des Lebens, in den die Seele eintritt, um eine körperliche Erfahrung zu machen.

Nicht die Zeit bewegt sich also, sondern die Seele als Mensch bewegt sich durch den Zeittunnel des Lebens, in den sie für die Dauer ihrer Inkarnation eingetreten ist. Sie ist sein Raum/Zeit- Kontinuum für diese Reise; und beim Tod des Menschen verschwindet – ganz nach Einstein – auch sein Zeittunnel wieder.

Das hieße, wir wären allein in diesem Zeittunnel oder mit derzeit rund 8 Milliarden anderer Seelen? Beides ist der Fall, wenn man mich fragt. Natürlich bin ich in der Inkarnation auf der Erde nicht allein. Natürlich leben wir alle physikalisch gemeinsam in dieser Zeit und auf diesem Raum, beeinflussen gegenseitig, was wir machen, und jede Handlung, die irgendwo stattfindet, zieht einen Rattenschwanz nach sich, der gemäß Chaos- und Schmetterlingstheorien rund um den Weltball Auswirkungen haben kann. Auf der anderen Seite sind wir in diesem Zeittunnel in der Tat allein – denn niemand anders außer uns selbst sieht die Welt mit unseren Augen, interpretiert sie nach unseren eigenen Erfahrungen und dem Hintergrund, den wir als Seele mit in die Inkarnation genommen haben. Wir sind einzigartig, genau wie jedes Tier, jedes Blatt, jeder Stein, jede Schneeflocke auf dieser Welt einzigartig sind. Von daher ist es also wirklich „mein" persönlicher Zeittunnel, in dem ich mich in meinem Erdenleben bewege.

Die menschliche Lebensspanne – definiert als der Zeitraum zwischen Leben und Tod – wird gemeinhin mit rund 80 Jahren beziffert. Die inkarnierte Seele – einmal ins Leben getreten – ist im Zeittunnel von der Wahrnehmung und dem Wissen der Ewigkeit abgeschnitten und mit Vergessen belegt. Was vor der Geburt in diesen Zeittunnel geschah, gehört nicht mehr zum Wachbewusstsein. Zudem ist der Tunnel auch noch eine Einbahnstraße. Geisterfahren unmöglich! Das ist eine Notwendigkeit, damit sich die Seele auf diese Inkarnation einstellen und einlassen kann. Würde sie sich ständig an alles erinnern, was in ihren vergangenen Leben passiert ist, wären ihre Erfahrungen davon so beeinflusst, dass eine freie Entscheidung in der jeweiligen Situation schwierig wäre. Sie könnte die aktuelle Inkarnation nicht unbeeinflusst erleben. Das neutrale und bewusste Erfahren ist nur möglich, wenn der Erinnerungsspeicher sozusagen leer ist. Die Seele wird die Einheit erst wieder erleben, begreifen und alles Wissen wieder in sich tragen, wenn sie das Ende des Lebenstunnels erreicht hat und zurück geht ins Licht. Mit ins absolute Bewusstsein des Jenseits nimmt sie die Erfahrungen und Wahrnehmungen, die sie in der jeweiligen Inkarnation erlebt hat. In der Ewigkeit verbleibt sie, bis sie sich wieder für eine Inkarnation entscheidet, um frühere Erfahrungen weiter zu bearbeiten oder gänzlich neue zu machen. Oft beschließt sie auch zu inkarnieren, um einer anderen Seele während deren Inkarnation hilfreich zur Seite zu stehen. Das eine Leben mehr oder weniger macht in der Ewigkeit nichts aus. Sie hat ja alle Zeit der Welt, um sich so einen kleinen Ausflug ins Leben ab und zu genehmigen zu können.

Im Raum/Zeit-Kontinuum ihres Zeittunnels befindet sich die inkarnierte Seele oder der Mensch immer im JETZT und im HIER – egal, wo innerhalb des Tunnels er sich befindet. Die Zeit ist JETZT, der Ort ist HIER. Hinter ihm die Vergangenheit, vor ihm die Zukunft. Der einzige Moment, wo er Entscheidungen treffen kann, wo er etwas erleben kann und Erfahrungen machen, ist JETZT und HIER. Er läuft durch diesen Tunnel hindurch – von der Kindheit über die Jugend, das Erwachsenendasein bis hin zum Alter. Die Länge des Tunnels hat die Seele vor ihrer Inkarnation geplant. Vielleicht reicht ja ein kurzes Leben aus, um die menschliche Erfahrung zu machen, die sie will. Gemeinhin plant sie innerhalb des Tunnels auch Ausstiegsmöglichkeiten mit ein – also Augenblicke, die ihr ein Sterben vor dem Ende des Tunnels ermöglichen: die sogenannten Sterbezeitpunkte, die später noch ausführlicher behandelt werden.

Es ist also nicht die Zeit, die am Menschen vorbeiläuft und ihm, wie man so schön sagt, durch die Finger gleitet. Sondern es ist der Mensch, der sich durch die Zeit bewegt. Dabei liegt es an ihm, in welcher Geschwindigkeit dies geschieht. Es ist seine individuelle Zeit – und er kann im JETZT länger oder kürzer verweilen. Wie das?

Jeder hat schon erfahren, dass es Zeiten gibt, die sich unendlich in die Länge ziehen und andere Augenblicke rauschen nur so an einem vorüber. In Momenten – dem JETZT – großer Emotionen verweilt der Mensch durchaus etwas länger. Das kann die Angst vorm Zahnarzt sein, aber auch das freudige Warten auf die Liebste oder die Ankunft des ersten Kindes. Diese Zeit hat sich wie Gummi gezogen. Ist dagegen ein gelungener Urlaub zu schnell wieder vorbei, weil man – um möglichst viel zu erleben – in Siebenmeilenstiefeln hindurchmarschiert ist, dann verging die Zeit wie im Flug.

Stellen Sie sich vor, Sie betreten Ihren Zeittunnel. Noch ist nichts geschehen. Die Tunnelwände liegen grau vor Ihnen. Was Sie jedoch bei sich haben, sind die Buntstifte des Lebens, nämlich Ihre Lebensaufgabe, Visionen, Träume, Wünsche, Gedanken. Mit diesen bemalen Sie die Tunnelwände.

Moment mal! Das hieße ja, dass jeder seinen Lebenstunnel nach Gutdünken ausmalen könnte! Was ist denn mit den sogenannten widrigen Umständen, die einem immer die Lebenspläne durcheinanderwirbeln? Leben passiert, während man noch plant, hat John Lennon einmal gesagt. Und da kann man noch so schön planen – es kommt erstens anders und zweitens als man denkt. Wie soll man denn seine Tunnelwände aktiv nach seinem Dafürhalten gestalten können, wenn einem immer etwas dazwischenkommt?

Man kann. Das, was Sie sich vorstellen, werden Ihre Gemälde. Gemeinsam mit Ihrer Seele, Ihrem Ego und mit Ihrem Geist gestalten Sie die Ergebnisse, Erfahrungen, Wünsche und Visionen Ihres persönlichen Lebens. Denken wir an das Bild von Daskalos, der die erschaffenen Gedanken Elementale nannte. Jeder Gedanke und jedes Gefühl sind solch ein Elemental. Es ist, so sagte er, davon abhängig, wie ein Mensch schwingt, welchen Typ und welche Qualität eines Elementals er erschafft. Einfach ausgedrückt: Es kommt darauf an, wie Sie sie erleben – positiv oder negativ –, ob Ihr Gemälde hell oder düster wird. Es geht sogar noch weiter: das, was Sie sich positiv oder negativ vorstellen – also Ihre Visionen, Ängste, Wünsche, Vorstellungen und Ideen, die Sie bereits an die Tunnelwände malten, werden später als Erfahrung Einzug in Ihr Leben halten. Übrigens, seien Sie vorsichtig mit dem Wünschen, denn Elementale sehr starker Wünsche kehren zu ihrem Erzeuger zurück. Sie sind Energie und verschwinden somit nicht, sondern suchen sich einen Resonanzpunkt. Wer wäre da besser schwingungsmäßig geeignet als der Denker des Gedankens? So kann es passieren, dass Ihre Wünsche auch dann noch in Erfüllung gehen können, wenn Sie sich das am allerwenigsten wünschen. Daskalos behauptete sogar, dass es ein Naturgesetz sei, dass Elementale eines Tages zum Unterbewusstsein ihres Erzeugers zurückkehren müssen. Na, hoffentlich haben Sie niemandem etwas Schlechtes gewünscht!

Ist es Ihnen auch schon einmal passiert, dass Sie vor einer Entscheidung standen und sich schließlich auch dazu durchgerungen haben, obgleich Sie nicht wussten, wie es danach weitergehen könnte, die entsprechenden Kontakte fehlten, das Geld nicht da war oder andere Widrigkeiten diese Entscheidung eigentlich unmöglich gemacht hätten? Und dann – nachdem sie einmal getroffen war, trudelten die Puzzleteilchen wie auf Bestellung ein: der neue Job kam aus einer Ecke, aus der man es niemals vermutet hätte, die Steuerrückzahlung ermöglichte eine Investition jetzt doch und urplötzlich traf man an den unmöglichsten Plätzen die Menschen, die man in der jetzigen Situation nötig hatte, um den Plan in die Tat umsetzen zu können. Zufall? Oder Macht der Gedanken? Seit „The Secret" und das „Gesetz der Anziehung" bekannt geworden sind, verstehen immer mehr Menschen, dass sie durch die Art und Weise ihrer Gedanken bereits beginnen, ihre Realität zu erschaffen. Das, was wir uns in der Tiefe unseres Herzens als Wahrheit vorstellen und nicht daran zweifeln, das werden wir auch in unserem Leben materialisieren – nicht unbedingt konkret 1:1, aber es erscheint in der einen oder anderen Form. Es kommt nicht zufällig zu uns. Wir holen es zu uns. Wir kreieren es durch unsere Gedanken und Überzeugungen.

Ihnen ist das Gegenteil passiert? Etwas hat sich nicht erfüllt. Graben Sie mal ganz tief in sich selbst, ob sie es wirklich gewollt haben – ob sie wirklich davon überzeugt waren, dass dies das Richtige für sie ist und ob sie es auch wirklich mit Gedanken angereichert und genährt haben, um es im Leben zu manifestieren. Oftmals ist es ja so, dass wir uns zwar etwas wünschen – unsere innersten, meist noch unbewussten Glaubenssätze jedoch noch an etwas ganz anderes glauben und damit unsere Wünsche boykottieren und sabotieren.

Wenn wir uns selbst in unseren Glaubensmustern unbewusst noch für nicht wertvoll, klug, schnell oder anderweitig mangelhaft und unwürdig für die Erfüllung unseres Wunsches halten – dann kann es auch nichts werden.

Die Seele ist in diesen Tunnel gegangen, um sich gewissen Aufgaben und Erfahrungen zu stellen, besondere Erfahrungen zu machen oder aus einer Vielzahl anderer Gründe. Die Seele und das Bewusstsein werden dafür sorgen, dass sie die entsprechenden Umstände in das menschliche Leben holen und kreieren, um genau diese Erfahrungen auch machen zu können. Ob sie diese Erfahrungen positiv oder negativ bewertet, liegt an ihr selbst. Umberto Eco beschrieb es so: „Glaube ich an Satan, bin ich mit dieser Energie in Kontakt, sie hat für mich Bedeutung und ich werde Bestätigung für mein Glaubenssystem bekommen. Gebe ich ihr aber keine Bedeutung, sondern lache darüber, hat sie auch keine Wirkung auf mich. Dieses Energiefeld kann sich nicht aus freiem Willen auf mich zu bewegen. Es gehorcht nur dem Gesetz der Resonanz. Jedem geschieht nach seinem Glauben."

Es ist somit sicherlich angebracht, bei allem Tun und Handeln einmal kurz innezuhalten und sich bewusst zu werden, warum sich gerade dies manifestiert hat. Auch beim berühmten Denken der Gedanken sollte man sich ab und zu fragen, ob man das, was man da gerade denkt, auch wirklich in seinem Leben haben will, und was man dadurch erfahren oder lernen kann oder soll. Übrigens kann sich das durchaus auch in mehreren Leben hintereinander wiederholen. Erst wenn die Erfahrung in Liebe abgeschlossen und angenommen ist, stellt sich die Seele wieder neuen Herausforderungen.

Mit anderen Worten: Das Universum passt sich unseren Vorstellungen der Realität an. Wir sind gleichzeitig Schöpfer unserer Realität und diejenigen, die unter unserer Realität leiden oder sich wohlfühlen und glücklich sein können. Da dies ja nicht nur das Individuum betrifft, sondern sich durch die Masse der Individuen verstärkt, stellen Sie sich einmal vor, welche Kraft in der Welt positiv genutzt werden könnte, wenn wir alle uns dessen bewusst wären und unsere Schöpferkraft positiv einsetzten.

In diesem Sinne sind wir die Schöpfer unseres eigenen Lebens und dessen Umstände. Das ist der Gottesfunke in uns – mitgegeben, damit wir im Leben „aus dem Vollen schöpfen können“. Leider sind wir Menschen zumeist so gestrickt, dass wir aus einem Mangelbewusstsein agieren und immer denken, uns fehle etwas. Wir jammern ständig nach etwas, was wir nicht haben. Schauen neidisch und verlangend nach dem, was andere haben. Wenn wir uns stattdessen daran erinnern würden, dass uns „die Fülle“ zum Schöpfen zur Verfügung steht. Was könnten wir alles erschaffen ...

Das Universum ist eine riesige
Kopiermaschine unserer Gedanken.
Wollen wir, dass sich eine Sache ändert,
müssen wir aufhören, die dazugehörigen Gedanken
auf den Kopierer zu legen.

Neale Donald Walsch

Die Entwicklung von Selbst und Bewusstsein

Wer das Leben innerhalb des Zeittunnels auf einer Zeitschiene von 0 bis 80 betrachtet, stellt schnell fest, wie viel auf dieser Zeitlinie von einer Lebenszeit belegt ist, in der der Mensch bewusst und aktiv wenig gestalten kann. Babys und Kleinkinder im Alter zwischen 0 bis 3 Jahren haben nur sehr wenig Menschbewusstsein. Sie erinnern sich aber noch sehr gut an den Lichtraum der Ewigkeit und sind alle noch bis zu einem gewissen Grad hellsichtig und hellhörig. Vom JETZT nehmen sie zwar viel auf, sind aber noch nicht imstande, für sich selbst gefühls- oder verstandesmäßig Akzente zu setzen. Bei Babys kann man oft diesen leeren Blick beobachten. Das sind zumeist wohl Momente, in denen sie noch Dinge wahrnehmen können, die den Älteren verborgen bleiben. Je älter wir werden, umso mehr vergessen wir, was vor der jetzigen Inkarnation war. Ungefähr ab dem 3. bis 5. Lebensjahr entwickelt sich neuronal als Prozess die Bildung eines Gedächtnisspeichers – die Erinnerung wird abrufbar. Gleichzeitig wird die Bindung mit dem Lichtraum der Ewigkeit gänzlich gekappt und alles, was vielleicht noch an Erinnerungen an vorherige Leben oder die Zeit vor der Inkarnation vorhanden war, fällt dem Vergessen anheim.

Mit meinem eigenen Sohn hatte ich da so ein paar Erlebnisse, was das verdeutlicht. Er war vielleicht drei/vier Jahre alt, als er eines Tages seine Steinesammlung – er sammelt Steine nach irgendwelchen mir unbekannten Kriterien seit er laufen kann – auf einen Hocker legte und sich mit geschlossenen Augen davor kniete, die Arme ausge-

streckt, so dass die Hände auf den Steinen zu liegen kamen. Nach einer Weile, in der er sich nicht bewegt hatte, fragte ich ihn, was er da tue. „Mama, stör mich nicht", war seine Antwort, „ich tausche gerade Energie mit meinen Steinen." Woher das stammte? Ich weiß es nicht. Es war lange, bevor ich mich intensiver mit dem Spirituellen beschäftigte. Und auch in unserem Freundeskreis war damals niemand, von dem er es hätte aufschnappen können. Ein anderes Mal waren wir im Auto auf der Fahrt durch eine Baumallee. „Weißt Du", tönte er plötzlich von der Rückbank, „all diese Bäume hier, die werden eines Tages schmelzen, in einem ganz großen Feuer. Wusch! Und dann sind sie weg. Aber Du musst keine Angst haben, Mama. So lange Du bei mir bist, wird Dir nichts passieren." Woher er das hatte? Keine Ahnung. Zur damaligen Zeit gab es keine riesigen Waldbrände und der Urwald wurde noch nicht mit Feuer in diesem Maße abgeholzt. Außerdem war er auch bei Weitem noch nicht in einem Alter, wo er Nachrichten schaute. Er hat übrigens einen Beruf ergriffen, in dem er sich um die Natur und hauptsächlich um Bäume kümmert. Und – lachen Sie oder nicht! – Ich werde sicher in seiner Nähe bleiben.

Bis zum 6. Lebensjahr haben Kinder so gut wie keinen Einfluss auf ihren Lebensweg und entwickeln deshalb ihr Selbst=Bewusstsein – das Bewusstsein ihres Selbst – nur langsam. Trotzdem ist gerade dies das Alter, in dem sie den Faden ihres Lebensplans aufnehmen. Denn es sind die Eltern, genauso wie die Lebensumstände und die Umgebung, die sich die Seele vor ihrer Geburt ausgesucht hat, die die Notwendigkeiten und Voraussetzungen für die Erfahrungen legen und prägen, die die Seele im Laufe ihres Menschseins erleben will. In diesem Sinne sind es die Eltern, die ihren Kindern auch den roten Faden für ihre Lebensaufgabe mitgeben. Oftmals sind sich weder Eltern noch Kinder darüber bewusst. Wie prägend Kindheitserfahrungen sein können, darüber kann ich berichten:

Mein ganzes bisheriges Leben verbrachte ich sozusagen tiefgefroren. Ich habe die anderen beneidet, die Gefühle hatten und sie zeigen konnten. Ich stand immer nur stocksteif dabei, fühlte mich fehl am Platze und wünschte mich ganz weit fort. Extreme Situationen riefen bei mir wohl Gefühle hervor, aber ich konnte weder heulen noch mich lautstark freuen. Erst vor kurzem, bei einem Gespräch mit einem Psychologen, den ich eigentlich als Freund aufsuchte und der Besuch gar nicht in einer Beratung enden sollte, kam es plötzlich zur Sprache. Es bedurfte nicht vieler Rückfragen, als sich plötzlich der Schleier des Vergessens lüftete und ich zum ersten Mal bewusst eine Situation sah, die in meiner Erinnerung tief verborgen gelegen hatte. Ich sah mich als kleinen Springinsfeld, vielleicht drei Jahre alt, vielleicht auch etwas älter. Wir waren auf dem Feld und haben Heu oder Stroh geladen. Meine Mutter stand oben auf dem Heuwagen und nahm die ihr gereichten Gabeln entgegen, um sie oben aufzulegen und fest zu stampfen. Opa reichte sie mit seiner Heugabel herauf – andere, Nachbarn, Verwandte, Bekannte halfen beim Zusammenrechen. Einer saß auf dem alten Traktor, der den Heuwagen schrittweise voran zog. Immer wieder holperte – oft mit einem initialen Sprung – dieser plötzlich ein Stück voran. Schon mehrmals hatte ich gesagt bekommen, ich solle nicht vor dem Trecker herumalbern. Aber ich war guter Laune und sang und sprang aus vollem fröhlichem Herzen wie ein junger Hase herum, unkontrollierbar und außerhalb jeglicher Sicht dessen, der für den Traktor verantwortlich war. Plötzlich wurde meine Mutter böse. Sie schrie vom Wagen herunter und ich blickte erstaunt zu ihr hoch. Im nächsten Moment flog ihre Heugabel auf mich zu. Ich folgte ihrem Flug mit dem Blick und sah, wie sie sich nur einen knappen Meter vor mir in den Boden bohrte. Ich stand dort. Stocksteif. Ohne mich zu rühren. Eine Tante lief hinzu und wollte mich in den Arm nehmen. Ich reagierte nicht. Blieb steif. Stocksteif.

Erst in diesem Gespräch wurde mir bewusst, dass ich noch immer so stocksteif dastand. Eingefroren in der Szene wie ein Eisblock. Natürlich bin ich erwachsen geworden, habe studiert, hatte beruflichen

Erfolg und einen guten Ruf im Unternehmen und bei den Kollegen. Small Talk, gefällige Konversation hingegen waren nichts für mich. Privat stand ich im Abseits. Natürlich hatte ich Freunde und Bekannte, wechselnde nichtssagende Beziehungen. Aber mal so richtig aus mir herausgehen, tanzen, fröhlich sein, ausgelassen ... das konnte ich nicht.

„Schau sie dir an“, sagte mein Freund. „Schau deine Mutter an.“ Das kleine Mädchen, an das ich mich erinnerte, schaute hoch. Und sah das Entsetzen in den Augen der Mutter über das, was diese gerade getan hatte. – Kurze Rede, langer Sinn: Es hat ein Trauma in mir gelöst. Seitdem kann ich fühlen und mich freuen und endlich einmal so verrückt nach außen sein, wie es mir entspricht. Dieses Wissen, was seinerzeit passiert ist und welchen Einfluss es auf mich hat, hat meinem Selbstbewusstsein schon einen Booster versetzt und ich stehe längst nicht mehr so stocksteif in irgendwelchen Ecken, sondern traue mich hinaus und kann inzwischen sogar offen vor Publikum sprechen. Jahre später ist mir meine Mutter dann einmal in einem Traum erschienen und hat mir gesagt, dass es ihr leidtue. Aber genau so habe sie mich konditionieren müssen. Damals habe ich das nicht verstanden. Heute weiß ich, dass sie mir damit meine Lebensaufgabe, zumindest einen Teil davon, mitgegeben hat und dass eine meiner Aufgaben ist, mich aus diesem Eisblock zu befreien, um meine Seele so tanzen lassen zu können, wie ich es gern möchte und mich selten traue.

Bei Kindern setzt die Bildung eines eigenen Bewusstseins erst später ein, wenn sie mehr Eigenständigkeit und Eigenverantwortlichkeit praktizieren. Aber auch die Eltern sind erst zwischen dem 25. und 50. Lebensjahr aktiv damit beschäftigt, sich selbst kennenzulernen und Selbstbewusstsein zu entwickeln, „sich-darüber-bewusst-zu-werden“, wer man wirklich ist. Der Erfahrungszuwachs, den ein Mensch im Laufe seines Lebens erfährt, trägt also ebenfalls zur Bewusstseinsentwicklung bei.

Während des Aufenthalts im Zeittunnel besteht in jedem Moment die absolut freie Entscheidungsmöglichkeit, wie es weitergehen soll. Niemand von außerhalb des Raum/Zeit- Geschehens kann und wird auf das Leben eines Einzelnen Einfluss nehmen gegen den Willen der Seele dieses Menschen. Alle Ereignisse, Erfahrungen und Gegebenheiten während des Lebens unterliegen ausschließlich dem freien Willen des Einzelnen, respektive dessen Seele. Das kann nicht oft genug betont werden: Der freie Wille, zu jeder Zeit und in jedem Moment. Er ist eines der kosmischen Gesetze, denen alles Leben im Universum unterliegt. Alle Seelen, alle Lebewesen haben einen freien Willen. Das bedeutet, dass keine höhere Macht ihnen etwas aufzwingen kann, was sich mit ihrem freien Willen nicht vereinbaren lässt. Es heißt aber auch, dass keine höhere Macht helfend eingreifen kann, wenn nicht ausdrücklich um diese Hilfe gebeten wird. Wer sich diesen Umstand bewusst vor Augen führt, wird erkennen, dass im Leben nichts von außen bestimmt wird, sondern jeder kreiert seine Lebensumstände eigenverantwortlich. Deshalb sollte die Frage „Warum passiert ausgerechnet mir das?“ eigentlich lauten: „Warum habe ich das in mein Leben geholt? Was will ich damit erfahren oder lernen?“

Damit gäbe es also kein Schicksal mehr und die berühmten Schicksalsschläge, denen so gern die Schuld gegeben wird, wären selbst erschaffen und ins Leben geholt? Im wesentlichen Ja. Trotzdem gibt es so eine Art Schicksal oder Vorherbestimmung: Die Momente des Lebens nämlich, die die Seele dem Gesetz des freien Willens folgend schon vor der Geburt auf Seelenebene vereinbart hat. So kann es zu Begegnungen und ganz besonderen Ereignissen kommen, die gemeinhin als „Schicksal“ bezeichnet werden, die aber nichts anderes sind als Umstände oder Momente, die die Seele als Mensch erfahren will oder für einen bestimmten Zweck nutzen. Die inkarnierte Seele – der Mensch – kreiert sich genau diese Lebensumstände dann während seines Lebens nach dem kosmischen Gesetz der Resonanz. Dieses gehört zu den sieben kosmischen Gesetzen, die Hermes Trismegistos (auch der altägyptische Toth oder der dreimal-große Hermes der Griechen) auf Smaragd-Tafeln geschrieben haben soll. Die Tafeln sind verschwunden, die Gesetze sollen jedoch durch die Jahrtausende überliefert worden sein. Sie gelten im gesamten Kosmos und auf allen Ebenen des Seins – also sowohl im Lichtraum der Ewigkeit als auch im Lebenstunnel jeder einzelnen Seele/Mensch.

Die Eigenverantwortlichkeit für das eigene Leben sollte (ja – bitte, bitte!) natürlich auch bewusst genutzt werden. Gleiches zieht Gleiches an. Gleiches wird durch Gleiches verstärkt. Das Verhalten des Einzelnen bestimmt seine gesamten Lebensumstände. Und das fängt mit dem Denken an. Ein Mensch, der nur Hass und Rache um sich sieht, wird dementsprechend handeln und auf Resonanz stoßen. Die negativen Schwingungen, die diese primitiven Gefühle verbreiten, werden sich in seinem Leben durchsetzen und er wird seine Umwelt dementsprechend negativ erfahren. Sein gesamter Empfang ist darauf eingestellt, und genau das wird er in sein Leben holen. Inzwischen ist in zahlreichen wissenschaftlichen Studien bewiesen, dass Grübeleien und das Versinken in einer negativen Gedankenspirale negative Einflüsse im Leben und depressive Stimmungen nach sich ziehen. Sie wurden als zentraler Faktor identifiziert, der entscheidend dazu beiträgt, dass sich depressive Störungen nicht bessern oder es zu Rückfällen kommt.

Im Gegensatz dazu wird der Mensch, der in Liebe und Freude lebt, andere Menschen interessant und gut findet, nicht urteilt und andere in ihren eigenen Werten stehen lässt, auch genau diese Eigenschaften in sein Leben holen. Er wird fröhlichen Menschen begegnen, Hilfsbereitschaft entgegennehmen können und schöne Erlebnisse erfahren. So wie Ersterer negativ eingestellte Menschen, bestenfalls pessimistische Grübler und im schlechtesten Falle aggressive Wüteriche, anzieht, wird Letzterer positive Menschen in seinen Freundeskreis locken und in Liebe und Harmonie leben.

Damit ist das „Schicksal" die Verantwortung jedes Einzelnen. Wer positiv denkt und handelt, lebt positiv. Wer negativ denkt, setzt eine Abwärtsspirale nach unten in Gang, die zu Depression, Verzweiflung und Unglück führt. Bereits mit den Gedanken werden also die Verstrickungen und Gefühle ins Leben gezogen, die sich schlussendlich als Schicksal manifestieren.

Am Anfang war das Wort, behauptet die Bibel. Noch einen Schritt weiter gedacht, war am Anfang der Gedanke, der das Wort formuliert, das den Geist formt und zum Schwingen bringt, was im Endeffekt die Lebensumstände manifestiert. Damit liegt der Ursprung unseres Glücks oder Unglücks in unseren ureigenen Gedanken. Wenn wir uns unsere Umwelt heute betrachten, dann sollten wir wahrlich beginnen, uns von den ständigen Katastrophen (-meldungen) zu befreien und anfangen, etwas positiv ausgerichtet zu denken, auf unsere Sprache zu achten und uns mit konstruktiven Dingen zu beschäftigen, um eine Aufwärtsspirale in Gang zu setzen und den gegenwärtigen Abwärtstrend nicht dadurch verstärken, dass wir uns ständig in Analysen und Berichten mit den alltäglichen Grausamkeiten beschäftigen. Kollektiv als Menschheit und als Individuum bestimmen wir das Leben um uns herum und damit auch das Wohlergehen unserer Länder, Nationen, Freunden und Bekannten überall auf dieser Welt.

Sollte es nicht auch drüben einen Tod geben,
dessen Resultat irdische Geburt wäre?
Wenn ein Geist stirbt, wird er Mensch.
Wenn der Mensch stirbt, wird er Geist.

Novalis

Vom Licht ins Leben

Gibt es ein Leben nach der Geburt?

Erster Aufzug, zweiter Auftritt

Die Szene: Im Bauch einer schwangeren Frau sind drei Embryonen. Einer davon ist der kleine Gläubige, einer der kleine Zweifler und einer der kleine Skeptiker.

Der kleine Zweifler: „Glaubt ihr eigentlich an ein Leben nach der Geburt?"

Der kleine Gläubige: „Ja klar, das gibt es. Unser Leben hier ist nur dazu gedacht, dass wir wachsen und uns auf das Leben nach der Geburt vorbereiten, damit wir dann stark genug sind für das, was uns erwartet."

Der kleine Skeptiker: „Blödsinn, das gibt es nicht. Wie soll denn das überhaupt aussehen, ein Leben nach der Geburt?"

Der kleine Gläubige: „Das weiß ich auch nicht so genau. Es wird viel heller sein als hier. Und vielleicht werden wir rumlaufen und mit dem Mund essen."

Der kleine Skeptiker: „So ein Quatsch. Herumlaufen, das geht doch nicht. Und mit dem Mund essen, was für eine seltsame Idee. Es gibt doch nur die Nabelschnur, die uns ernährt. Außerdem geht das gar nicht, dass es ein Leben nach der Geburt gibt, weil die Nabelschnur viel zu kurz ist."

Der kleine Gläubige: „Doch, es geht bestimmt. Es wird eben alles ein bisschen anders werden."

Der kleine Skeptiker: „Es ist noch nie einer zurückgekommen nach der Geburt. Mit der Geburt ist das Leben zu Ende. Und das Leben hier ist nichts als Quälerei. Und dunkel."

Der kleine Gläubige: „Auch wenn ich nicht so genau weiß, wie das Leben nach der Geburt aussieht, jedenfalls werden wir dann unsere Mutter sehen und sie wird für uns sorgen."

Der kleine Skeptiker: „Mutter?! Du glaubst an eine Mutter? Wo ist die denn bitte?"

Der kleine Gläubige: „Na hier, überall um uns herum. Wir sind in ihr und leben in ihr und durch sie. Ohne sie könnten wir gar nicht sein."

Der kleine Skeptiker: „Quatsch. Von einer Mutter habe ich ja noch nie etwas gemerkt, also gibt es sie auch nicht."

Der kleine Gläubige: „Manchmal, wenn wir ganz still sind, kannst du sie singen hören. Oder spüren, wie sie unsere Welt streichelt."

Der kleine Zweifler: „Und wenn es ein Leben nach der Geburt gibt, wird der kleine Skeptiker dann bestraft, weil er nicht daran geglaubt hat?"

Der kleine Gläubige: „Das weiß ich nicht so genau. Vielleicht kriegt er einen Klaps, damit er die Augen aufmacht und das Leben beginnen kann."

(Verfasser unbekannt)

Die Zeit ist eine Illusion. Vor dem Tod und nach dem Tod gibt es etwas. Über diese beiden Tatsachen sind sich viele einig. Seit Jahrtausenden wird jedoch darüber spekuliert, was und wie genau das denn ist. Am Anfang des Buches erzählte ich, wie ich selbst bei einer Rückführung einen kurzen Einblick in mein letztes Leben hatte und als Sinnbild für den Übergang in den Lichtraum der Ewigkeit den Baum und das Licht sah.

Eine gleiche Rückführung lässt sich auch für den Moment der Geburt machen. Hier wird erfahrbar, wie man in den Leib der Mutter eintritt, erfährt die Monate als im Uterus wachsendes Kind und erlebt schließlich den Geburtsvorgang. In diesem Zusammenhang sei auf den Unterschied zwischen Rückführung und Rückführungstherapie hingewiesen, die zu unterschiedlichen Zwecken eingesetzt werden. Um im Zusammenhang mit dem Kreislauf von Leben und Tod einen kleinen Blick zu erhaschen und selbst zu fühlen, dass es mehr gibt als das, was man gemeinhin unter dem irdischen Leben versteht, ist eine unter leichter Trance ausgeführte Rückführung ohne therapeutische Zielsetzung ausreichend.

Im Rahmen dieses Buches ist natürlich eine praktische Erfahrung unmöglich – und sollte auch nicht eigenständig ausprobiert werden. Wenn man es ausprobieren möchte, sollte man sich bitte unbedingt an erfahrene Personen werden, die in einem geschützten Rahmen arbeiten und den Rückgeführten auffangen und betreuen können, denn es kann zu Erfahrungen kommen, die sehr einschneidend sind.

Die Geburt ist der Beginn des Lebens. Das stellt niemand in Frage. Aber wie entscheidet sich die Seele zur Inkarnation und was geschieht vor der Geburt?

Den größten Teil ihrer Existenz verbringt die Seele im absoluten Bewusstsein im Lichtraum der Ewigkeit. Inkarnationen auf der Erde oder auf anderen Planeten werden von dort geplant und ausgeführt. Natürlich sitzen dort nicht Seelen am Küchentisch oder vor dem Kamin und führen eine angeregte Diskussion. Aber lassen Sie uns zur Verdeutlichung dieser im energetischen Raum stattfindenden Schwingungen einmal menschlich-inkarnierte Begriffe und Beschreibungen finden.

Mit ihren Seelenfreunden und ihrer Seelenfamilie plant die Seele ihre Inkarnation, bespricht den Lebensplan und vereinbart mitunter sogar konkret, mit welchen anderen Seelen sie sich wann und wo zu einem bestimmten Ereignis, wie zum Beispiel einem möglichen Sterbezeitpunkt, treffen wird. Es wird abgestimmt, wer mit ihr zusammen auf der Erde inkarnieren wird und wer ihr vielleicht nur als geistiger

Begleiter zur Seite steht. Es kann auch sein, dass die Seele sich nur einverstanden erklärt, einen Inkarnationszyklus zu machen, um damit eine andere Seele bei deren Lebensplan zu unterstützen. Alles ist möglich. Im Rahmen von Rückführungen kommen die unterschiedlichsten Themen und Erfahrungen zu Tage – viele davon sind in der Literatur beschrieben –, sodass die hier im Buch beschriebenen Beispiele nicht aus der Luft gegriffen sind.

Eine Seele, die inkarnieren will, braucht dafür einen entsprechenden Platz. Als pure Energie benötigt sie einen Körper, für ihre gestellte Lebensaufgabe ein bestimmtes Umfeld. Das alles sucht sie sehr sorgfältig aus. Sind diese oder jene Eltern die richtigen, um ihr zu helfen z. B. Neid zu erfahren? Welche Seelen werden ihren Lebensweg kreuzen, um ihr zu helfen, dieses Gefühl zu verarbeiten und ihr überhaupt die Möglichkeit geben, diese Erfahrung machen zu können? Inkarniert sie besser in Deutschland oder in der Mongolei, um zum Beispiel das Thema Mitgefühl besser erleben zu können?

Sie trifft Übereinkommen mit anderen Seelen, die mit ihr inkarnieren und ihr während ihres Erdenlebens behilflich sein werden. Sie müsste noch mal für eine Weile nach Griechenland, weil sie da noch etwas aus einem anderen Leben zu erledigen hat? Welche Seele ist denn bitteschön bereit, dort zu inkarnieren, sodass sie sich auf Erden treffen können und sie wieder an diesen abgelegenen Ort gelangen kann? Welche Seele wäre bereit, eine andere bei einem Autounfall so stark zu verletzen, dass diese die Heimreise in die Ewigkeit wieder antreten könnte? Welche Seele wäre bereit, als Kind zu inkarnieren, damit eine andere an ihrer Erfahrung der Mutterliebe noch etwas feilen kann?

Die Seele hat sich ihre Eltern ausgesucht, und der Zeitpunkt ist gekommen, in die Welt der Materie einzutreten und sich auf die Reise in den Körper ihrer zukünftigen Erdenperson zu begeben. Im Licht lässt sie ihre Seelenfamilie zurück, ihre Freunde und alles, was ihr lieb ist. Ist das denn kein Abschied? Ist das denn nicht auch so etwas wie ein Tod? Eben nur auf der anderen Seite?

Nachdem das Erdenleben durchlaufen ist, will die Seele wieder zurück ins Licht. Sie hat ihre Aufgaben erfüllt, ihre Erfahrungen gemacht. Und lässt hier auf der Erde ihre inkarnierten Familienmitglieder zurück. Kommt sie dann im Licht wieder an, warten da ihre Freunde und Seelenfamilie auf sie und sie wird mit großer Freude und Liebe begrüßt. Ist das nicht auch eine Geburt? Eben nur auf der anderen Seite.

Der Unterschied liegt wohl darin, dass die Seelen im Lichtraum fröhlich sind beim Weggang der Seele, denn sie wissen um die Wiedergeburt. Für sie dort bedeutet es nur einen kleinen Ausflug, der – angesichts der Tatsache, dass das Phänomen Zeit dort nicht besteht – als Erfahrungsinformation hinzugefügt wird. Im Diesseits hingegen trauern Freunde und Familienangehörigen. Manche verzweifeln selbst am Weggang des geliebten Kindes oder Partners. Da sie die Einheit der Ewigkeit in ihrem Zeittunnel nicht sehen und erkennen, liegen vor ihnen noch viele Jahre, bis sie die Freunde von einst wiedersehen können. Gehören sie zu denen, die nicht an ein Leben nach dem Tod glauben, sind sie oftmals davon überzeugt, dass diese ihnen unwiderruflich verloren gegangen sind.

Natureinwohner und indigene Bevölkerungen achten und feiern den Kreislauf aus Leben und Tod noch sehr bewusst und ursprünglich, nicht nur bei Eintreten eines Todesfalles, sondern auch in Ritualen, die sie das ganze Leben hindurch begleiten. Sehr deutlich sieht man das zum Beispiel bei den Schwitzhüttenzeremonien der indigenen Bewohner Nordamerikas. Die ausschließlich aus Naturstoffen gebaute Hütte mit Öffnung nach Osten hat vor dem Hütteneingang einen kleinen aus Sand oder Steinen aufgeschütteten runden Wall. Innerhalb dieses Halbkreises werden die Steine für die Zeremonie erhitzt. Während die Hütte den irdischen Teil des Lebens repräsentiert, steht der Wall und Feuerplatz für das – in der Welt nicht erkennbare – Leben nach dem Tod, von dem die Geister der Ahnen zu uns kommen. Hier empfängt der große Schöpfergeist die Nachrichten der Lebenden, weitergegeben durch die Adlerfeder mitten im Kreis auf der Scheidelinie zwischen Diesseits und Jenseits. Die Schwitzhütte symbolisiert dabei den Bauch der Mutter Erde – und das Ende der Zeremonie ist somit jedes Mal eine neue Geburt, bei der man neue Ideen, Gedanken und Gefühle aus der Hütte mit in die Welt nimmt.

Den Zeittunnel des Lebens, den physischen Bereich, betritt man mit der Geburt. Die Seele allerdings hat sich hier ihre wichtigsten Stationen vorbereitet, die sie zur Bewältigung ihrer Lebensaufgabe nötig hat, und nach dem Gesetz der Resonanz wird sie dafür sorgen, dass die Ereignisse auch in ihr Menschsein kommen und erfahren werden können. Und auch hier müssen wir wieder dazu sagen: idealerweise, wenn denn das Ego und der Geist ebenfalls mitspielen und im Laufe des Lebens nicht ganz etwas anderes in Schwingung versetzt haben und manifestieren, was die zurückhaltendere Seele nicht übertönen kann.

Wie sie zu diesen einzelnen Stationen kommt, das bleibt ihr, ihrem freien Willen überlassen – und der Abenteuerlust ihres Ego im Menschsein. Manche verlassen den Ort ihrer Geburt nie – und erfüllen dennoch ihren Seelenauftrag. Andere reisen um die ganze Welt dafür. Mancher Globetrotter hat vielleicht den letzten Winkel der Erde gesehen, viele Erfahrungen dabei gemacht, aber die Erfahrung, die seine Seele ursprünglich einmal machen wollte, nur am Rande oder gar nicht gestreift.

Je nachdem, wie die Seele und das Ego des Menschen während der Inkarnation kooperieren, wird der Mensch sein Leben erfahren. Schicksalsschläge, Zufälle oder Krankheiten sind oft die Momente, in denen innegehalten werden sollte, um in sich zu gehen und seine Seele zu fragen: Was will mir dieses Erlebnis sagen? Bin ich eigentlich noch auf dem richtigen Weg? Treffe ich noch die richtigen Entscheidungen? Mache ich noch die wichtigen Erfahrungen? Oder ist ein Umorientieren angesagt?

Ist die Seele am Ende ihres Lebens angekommen, geht sie durch den Raum des Todes wieder in den Lichtraum der Ewigkeit, in den nicht-physischen Bereich, diese Bezeichnung des „Raum des Todes" wollen wir im Rahmen des Buches auch weiterhin nutzen, denn sie ist in ihrer Art einprägsam, um den Übergang vom Diesseits in Jenseits zu versinnbildlichen.

Im nicht-physischen Bereich, dem Lichtraum der Ewigkeit, ist die Seele im eigentlichen Sinne zu Hause. Auch hier folgt sie einer Art Lebensweg – hierhin und dorthin. Nur ist es einfacher, weil sie ja überall gleichzeitig sein kann. Sie kann also auch mal einen Abstecher in einen Zeittunnel machen – ins Diesseits –, um einem lieben Freund oder Verwandten als Geist einen kurzen Besuch abzustatten, ihm im Traum etwas zu übermitteln oder ihm einfach tröstend nahe zu sein. Deshalb braucht sie ihren Aufenthalt im Jenseits in dem Sinne, wie wir es verstehen, nicht zu unterbrechen. Sie kann auch durchaus zwischendurch auf anderen Planeten und in anderen Systemen inkarnieren, die wiederum sowohl physischer als auch nicht-physischer Natur sein können. Sie sehen also – überall pulsiert das Leben.

Der Mensch,
wenn er aus der natürlichen Welt in die geistige übergeht,
was also geschieht, wenn er stirbt, nimmt all das Seinige –
oder das, was zu seinem Menschen gehört hat, mit sich,
mit Ausnahme seines irdischen Leibes.

Emanuel Swedenborg, Himmel und Hölle

Die Seele und das Ego

She'ree:lat war nervös. Wir sind alle immer irgendwie nervös, kurz bevor wir inkarnieren. Natürlich wissen wir, wie das ist und was passiert. Und wir wissen auch, dass wir wieder zurückkommen – hierher ins Licht der Ewigkeit. Trotzdem, es kann ja immer so allerlei passieren auf so einer Inkarnationsreise. Und jede ist anders als die Vorherige.

„Jetzt hampel doch nicht so 'rum", ermahnte ich meine Seelenfreundin. „Du kennst das doch schon. Du warst doch schon etliche Male auf der Erde."

„Ach, Za'hee:rat! Du weißt doch, dass ich diesen Übergang vom Licht ins irdische Dasein nicht besonders schätze. Dieser unbequem enge Geburtstunnel und dann dieses Klatschen auf mein Hinterteil." Die kleine Seele, die sich gerade zur Abreise in die materielle Welt vorbereitete, flog aufgeregt hin und her. „Diese Richtung ist immer unangenehmer, als wenn wir den Körper wieder verlassen. Überhaupt. An den Körper kann man sich ja irgendwann gewöhnen nach dem Inkarnieren. Aber das Ego – das nervt echt mit der Zeit."

Mit dem Ego war das so eine Sache. Hier bei uns im Seelenbereich ist es nicht nötig. Wir haben auch gar keins. Da wir hier alle in der bedingungslosen Liebe leben, haben wir keine egoistischen Anwandlungen. Wir brauchen kein Ego. Das gibt es nur im Menschsein. Während der Inkarnation kann das mit dem Ego ein zweischneidiges

Schwert sein. Es ist wie so eine Art Zauberlehrling, den wir erst selbst erschaffen – und hinterher mitunter nicht mehr kontrollieren können. Je weiter wir auf dem Lebensweg fortschreiten, je mehr wir erleben, je mehr passiert, umso stärker wird das Ego. Und es ist ausgesprochen eigenständig. Während es sich in der ersten Zeit noch durch uns führen lässt, fängt es irgendwann an, klammheimlich die Führung übernehmen zu wollen.

Wir Seelen verhalten uns normalerweise eher ruhig. Das hat nichts mit Faulheit zu tun. Hier im absoluten Bewusstsein sind wir daran gewöhnt, in bedingungsloser Liebe zu beobachten. Und so bleiben wir auch, wenn wir inkarniert sind. Wir wollen eine Erfahrung machen, aber wir warten geduldig darauf, dass diese Erfahrung geschieht.

„Beim letzten Mal ist es auch schiefgegangen wegen dieses Egos", murmelte She'ree:lat.

„Ja, weil du nicht auf dich, auf deinen Seelenteil, gehört hast", warf ich ein. „Dein Ego war zum Schluss so verrannt ins ‚Geld verdienen' und ins ‚wichtig sein', dass es auf gar nichts anderes mehr geachtet hat. Du hast aber Warnschüsse von der Seele bekommen. Denk an das gebrochene Bein bei der Klettertour. Vier Monate warst Du an Bett und Rollstuhl gefesselt. Und wie sehr hat Deine Seele versucht, sich Gehör zu verschaffen. Aber als Mensch warst wie besessen vom Geschäft und vom vermeintlichen Reichtum und vom Ruhm. Das war alles ..."

„... alles mein freier Wille. Ich weiß, ich weiß. Es ist aber auch ein Kreuz mit dem freien Willen. Nie kann man irgendetwas anderem die Schuld geben", feixte She:ree'lat.

„Na, zumindest hier bei uns nicht", antwortete ich lachend. „Dafür musst du schon inkarnieren. Im Materiellen, auf der Erde, geht das hervorragend. Ich bin mal neugierig, wem Du in diesmal alles so die Schuld geben wirst, wenn Du dich dort erst wieder richtig eingelebt hast. Als dein Schutzengel werde ich sicherlich viel zu tun bekommen. Aber jetzt, ab mit Dir. Es ist beinahe soweit. Du wirst gerade geboren."

„Schon unterwegs!“ She'ree:lat sprang auf. „Dann bis nachher. Wir sehen uns nach meinem Tod.“

Und lächelnd schaute ich zu, wie ein kleines verschrumpeltes Menschenbaby einer pausbäckigen Schönheit in den Arm gelegt wurde.

„Willkommen auf der Erde, kleine Jessica“, sagte diese mit sanfter Stimme. „Ich bin Deine Mama.“

So in etwa würde die Geburt aus Sicht einer zuschauenden Seele, des Schutzengels oder Begleiters, beschrieben werden können.

Der Mensch ist komplex und muss sich ab dem Moment seiner Geburt ständig mit einer Vielzahl von Einflüssen, Umständen, Daseinsformen, sich selbst, seiner Umwelt, seinem Ego, seiner Seele oder Bewusstsein, seinem Höheren Selbst und seinem Körper auseinandersetzen. Idealerweise kann er alles in Balance halten. Leider sind diese Fälle oftmals ziemlich selten. Stattdessen hampelt der Mensch dazwischen umher, hin- und her geschubst und hin- und hergezogen. Mal fühlt man etwas – das berühmte Bauchgefühl –, dann hat man so eine Vorstellung, dann meldet sich das Gewissen – nur leider lässt man es nur allzu oft geschehen, dass diese Versuche aus unserem Inneren vom täglichen Einerlei übertönt und überlagert werden.

Auch mir ging es nicht anders. Ich habe meine Karriere gemacht, meine Beziehungen gelebt, meine Reisen unternommen, Kultur und Kunst genossen – und irgendwann platsch! – ging nichts mehr. Wie eine Lawine kam es herein: Rückenschmerzen, Geldprobleme, Probleme am Arbeitsplatz, ein Fast-Burnout ... Es dauerte seine zwei Jahre, bis ich durch dieses Tal hindurch war – und danke noch heute, dass ich irgendwann den Warnschuss erkannte und anfing, mich mit mir und meinen ureigensten Wünschen und Vorstellungen, mit meiner Lebensaufgabe zu beschäftigen, nicht mehr die Schuld und das Gelingen im Außen suchte, sondern in mir selbst, lernte, mich von Dingen zu distanzieren und bewusst andere Erfahrungen in mein Leben zu holen.

Mir hat es geholfen, inzwischen in einer ziemlich guten Balance zu leben. Deshalb schreibe ich dieses Buch, denn schreiben – da bin ich mir inzwischen mehr als sicher – ist eine meiner Lebensaufgaben und ich bin super gespannt, was meine Finger noch alles zu Papier bringen werden. Dinge, von denen ich am Anfang des Schreibens selbst keine Idee habe, sondern die wie von selbst entstehen und sich in Buchstaben materialisieren, sobald ich vor einem weißen Dokument sitze und die Finger über die Tastatur huschen.

Der Körper, wie wir schon vorher feststellten, ist das Werkzeug, das der Seele die Möglichkeit gibt, all ihre Erfahrungen im materiellen, physischen Raum machen zu können. Der Körper ist der Tempel der Seele, der heilige Ort, den sie sich für die Dauer ihres Erdendaseins kreiert hat. Ohne ihn gäbe es keine Erfahrung „Leben“. Er hat also etwas mehr Wertschätzung verdient als ihm zuerkannt wird. Gesunde Ernährung und Lebensweise sowie Bewegung sind das Wenigste, was der Mensch für den Tempel seiner Seele tun sollte. Leider hat er sich in der modernen Zeit angewöhnt, mit dem Vehikel „Automobil“ besser umzugehen als mit dem Vehikel „Körper“.

Ein Teil der Seele ist im Körper inkarniert, der Rest der Seele befindet sich außerhalb und schützt den Körper, zum Beispiel als Aura. Seele und Körper sind durch einen Silberfaden miteinander verbunden, der von Hellsichtigen zu erkennen ist, und er wird seit alters her in den unterschiedlichsten Kulturen auf die eine oder andere Weise beschrieben. Er soll sicherstellen, dass die Seele bei ihren Astralreisen immer wieder in den Körper zurückfindet. Und Astralreisen unternimmt eigentlich jeder. Manche können es bewusst – andere reisen nur unbewusst in ihren Träumen. Mitunter kann der Silberfaden sogar unter Trance und Führung vom Reisenden gesehen und gefühlt werden.

Leo Ch. erzählte mir von seinen Begegnungen mit astralreisenden Mönchen sowohl in Tibet als auch auf dem berühmten Kloster Athos in Griechenland, das Frauen ja bekanntlich nicht besuchen dürfen. (Übrigens nicht wegen Frauenfeindlichkeit oder weil es das Zölibat der Mönche stört, sondern weil Maria selbst die letzte Frau war, die den klösterlichen Boden betreten hat und ihr zu Ehren soll es auch so bleiben.) Sonst wäre ich selbst dorthin gegangen und hätte nachgefragt. Allerdings kenne ich den Leo so gut, dass ich weiß, dass er keine Schwippen erzählt.

Egal, ob die Christen in Griechenland oder Buddhisten in Tibet, sie konnten, in tiefe Meditationen versunken, ihre Körper willentlich verlassen, um sich in den Raum der Ewigkeit zu begeben. Egal, ob Christen oder Buddhisten, sie berichteten ihm von unglaublichen Energien, von Treffen mit anderen Energiebündeln, von unsagbar schöner gefühlter Liebe. Sie waren ausgesprochen glücklich dort drüben und kehrten nur zögerlich und oft erst nach Tagen in ihre Körper zurück, die in unserer Welt zurückgelassen auf sie warteten. Warum sie nicht gleich dortgeblieben wären, fragte er sie. Weil, so sagten sie, die Körper die Seele „wie Magneten" wieder zu sich ziehen, so lange ihre Lebenszeit nicht abgelaufen ist – und sie ja schließlich hier ihre Aufgaben noch vollenden müssten.

Es ist der beschriebene Silberfaden, der diesen als Magnet beschriebenen Effekt hat und erst im Moment des endgültigen Todes gekappt wird. Die Existenz eines solchen Fadens ist schon seit langen Zeiten bekannt. So kann man in den nordisch-germanischen Sagen nachlesen, dass die Nornen Urd (Vergangenheit), Werdandi (Gegenwart) und Skuld (Zukunft), an der Wurzel der Weltenesche Yggdrasil an der Urquelle sitzend, die Schicksalsfäden der Menschen weben. Erst wenn sie ihn zu Ende gewoben haben, ist der Todeszeitpunkt des Menschen gekommen. In taoistischen Darstellungen ist oftmals ein Band gezeichnet, das Astralkörper und physischen Körper am Scheitelpunkt miteinander verbindet. Der Anthropologe und Schamane Carlos Castaneda soll davon überzeugt gewesen sein, dass sich dieser Anknüpfpunkt leicht oberhalb der Schulterblätter befindet und durch körperliche und geistige Übungen sogar bewusst bewegt werden kann.

Außer Körper und Seele entwickelt sich im Menschsein noch etwas anderes, das das Leben entscheidend mitbestimmt: Das Ego bildet sich erst nach der Geburt des Menschen; im Laufe der ersten Lebensjahre beginnt es sich zu formen. Es gestaltet sozusagen die Persönlichkeit eines Menschen in durchaus markanter Weise mit, jedoch ohne, dass es tatsächlich existiert. Zunächst kann man sagen, dass die Seele es braucht, um in der physischen Welt zu agieren. Wenn wir uns das Bild eines Taxis als Körper und einer Seele als Fahrgast vorstellen ... so braucht es dafür noch einen Fahrer, nicht wahr? Jemanden, der die Intensionen des Fahrgastes umsetzt. Allerdings ist dieser Ausführende recht anfällig für Ablenkungen und wird auf den Routen reichlich von vermeintlich Wichtigem abgelenkt. Hier gibt es Geld, Wohlstand und Ansehen, da Titel, Ruhm und Öffentlichkeit, dort Zerstreuung in einem Casino, daneben eine Bar ... Das Ego ist das Produkt einer Mischung aus der Prägung, die der Mensch durch Umwelt und Erziehung von Geburt an erhält und seinen eigenen Beurteilungen nach der Geburt. Den besonderen Geschmack erhält diese Ego-Mixtur primär aus den eigenen kindlichen Interpretationen der täglichen Lebensereignisse. Uns unserer seelischen Anbindung nicht mehr bewusst, gestaltet es sich aus dem Gefühl der Isolation als eine mental-emotionale Instanz, die versucht, in der Vielfalt der Herausforderungen eine ausgeglichene Gefühlslage herzustellen. Es beginnt zu agieren, um zu bekommen, womit es meint, in seine Sicherheit und Harmonie zu kommen: also sprich, Liebe. Fürsorge, Zuspruch etc. zu erhalten.

Hierbei gestalten sich Glaubensmuster und Wertvorstellungen schon im kindlich-jugendlichen Wesen, die als Wahrheit erachtet werden. Tatsächlich jedoch sind diese Glaubensmuster nichts anderes als ein Neuronen-Emotion-Energie-Gebilde, das aus vergangenen Interpretationen besteht. Da uns immer nach unserem Glauben geschieht, werden diese vorgegaukelten Wahrheiten auch immer wieder in der äußeren Erfahrung bestätigt, so lange, bis sie bewusst erkannt und aufgelöst werden. Wenn wir bewusst erkennen, was wir in Wahrheit wirklich sind, und in diesem Bewusstsein die jeweiligen Machenschaften des Egos wahrnehmen, dann wird durch diesen Prozess dieser erkannte Teil des Egos transformiert. Entsprechende Glaubensmuster lassen sich auflösen, gespeicherte Energie wird für unser Energiesystem wieder frei.

Einfacher und aus eigener Erfahrung ausgedrückt: In der Kindheit hatte ich gelernt, dass Lernen und Arbeiten und Leistung zählt, damit man wer ist, was aus mir wird, ich geliebt und anerkannt werde von meinen Eltern und von der Gesellschaft. Also habe ich geschafft, was das Zeugs hielt. Bis zum Burn-Out. Erst danach habe ich begriffen, dass dieser Glaubenssatz nicht mir selbst entsprach, nicht meinem Inneren Ich. Das wollte nämlich spielen, lieben, leben, Spaß haben und ohne weiteres auch einmal verrückte Dinge tun. Seit dieser alte Glaubenssatz aus meiner Kindheit nicht mehr als das non plus Ultra über meinem Leben schwebt, ist es einfacher für mich geworden. Ich habe mehr Spaß, mehr Freude, sehe Farben leuchtender als vorher, höre Töne schöner und – ja, erfahre mehr Liebe und Anerkennung von Menschen auf meinem Weg als früher. Und das sogar leichter. Mit Erstaunen stellte ich fest, dass Menschen mich auf der Straße anlächeln und grüßen. Ein Wahnsinnsgefühl, wenn es einem plötzlich passiert und man es auch noch wahrnimmt. Auch Fremde grüßten und das sogar in Großstädten. Früher waren selbst Bekannte an mir vorbeigegangen, ohne mich wahrzunehmen und Grüße oder freundliches Lächeln wurden mir kaum spontan gezeigt.

Heute muss ich mich nicht mehr anstrengen und verbiegen. Ich kann sein, wie ich bin. Ich kann meine Fehler offen zugeben und muss sie nicht mehr verstecken. Menschen gehen auf mich zu und liefern mir Dinge, Ideen und Vorstellungen frei Haus, die ich mir sonst mühsam erarbeiten musste. Keinesfalls bin ich weniger erfolgreich und keinesfalls weniger happy. Ich habe meinen Glaubenssatz – also diesen Teil meines Egos, das nach ›erbettelter‹ Anerkennung durch Leistung strebte – transformiert. Energie wurde somit frei, die ich jetzt darauf verwenden kann, Dinge zu erreichen, die mich glücklich machen und an denen ich Spaß habe, wie zum Beispiel dieses Buch zu schreiben.

Das Ego ist ausschließlich an die jeweilige Inkarnation gekoppelt und interagiert über den Verstand. Da es nicht aus dem Lichtraum der Ewigkeit, also dem absoluten Bewusstsein mitgenommen wurde, sondern im diesseitigen Vergessen davon komplett separiert ist, hat es auch keine Beziehung zur Seele, sondern beschäftigt sich ausschließlich mit dem diesseitigen Weltbild. Wie oben beschrieben erzeugt es zur Bestätigung seiner eigenen Existenz das Selbstbild, das der Mensch als sein eigen annimmt, nach dem er sich richtet und unter dem er gegebenenfalls auch ordentlich zu leiden hat. Denn, wie Eckehart Tolle beschreibt, kann dieses Selbstbild ein falsches Selbstbild sein, das uns Menschen unglücklich macht. Wir zerstören uns selbst, andere Menschen und die Umwelt. Das lässt sich ja heute am

Gesamtzustand des Planeten und seiner Bewohner unschwer erkennen. Das Ego verleitet uns dazu, uns mit Dingen zu identifizieren, die wir nicht wirklich in unserer tiefsten Seele sind.

Dem Ego zugeordnet ist nach der Bhagavat-Gita das Mana, was sich als Wille, Absicht, Meinung übersetzen lässt und das Denkprinzip darstellt, was es im spirituellen Sinn zu überwinden gilt.

Die Seele hingegen, Atma genannt, entspricht dem wahren Selbst. Unwandelbar und unzerstörbar, immerwährend. Sie ist das Gegenteil des hektisch-beschäftigten Egos. Die Seele oder das Höhere Selbst ist die zentrale göttliche Instanz in jedem Menschen, und das bleibt sie während all ihrer Inkarnationen. Sie ist die Sehnsucht im Leben des Menschen, das Gefühl, dass da noch etwas ist. Sie ist das Bewusstsein, das sich im Menschsein selbst erfährt,– und somit der Teil des Menschen, den dieser leider zumeist nicht bewusst in seine Entscheidungen einbindet. Während sich Ego und Körper entwickeln und im Laufe des irdischen Lebens verändern, bleibt die Seele sich selbst in ihrer Absolutheit, in der bedingungslosen Liebe, in ihrem Willen und ihren Wünschen immer treu. In ihrer Liebe ist die Seele gern bereit, auch andere – bei ihrer Inkarnation nicht geplante – Erfahrungen zu machen und zu integrieren. Außerdem ist sie sehr geduldig.

Dabei ist die Seele/das Höhere Selbst zu jedem Moment im Leben anwesend und kontaktbereit. Man muss sich nur mit ihr in Verbindung setzen.

Als man mir das schamanische Reisen beibrachte, lernte ich, die untere oder die obere Nicht-reale Wirklichkeit zu besuchen. In der unteren findet sich das Krafttier. In der oberen die geistigen Führer. Ich bin mir inzwischen sicher, dass ich hier meinem Höheren Selbst – ich nenne sie „Weiße Frau“ – gegenüberstehe, das mich leitet und mir Antworten gibt, wenn ich sie benötige. Manchmal jedoch ist es auch ganz anders. Da kommt man mit einer Frage und dann hat die Geistige Welt etwas ganz anderes im Sinn:

Es dauert wie immer nur wenige Momente, bis ich gedanklich meinen Platz gefunden habe, von dem aus die Reisen beginnen. Es ist ein Platz, den es in der realen Wirklichkeit gibt, auch wenn ich schon lange Jahre nicht mehr dort gewesen bin.

Ich sitze wie immer mit den Füssen baumelnd auf dem Dach einer mit grausandigen Bambusmatten gedeckten Ramada mitten in der Wüste. Unter mir streicht der warme Wüstenwind hindurch und streichelt meine Waden. Leise raschelt der Kreosote Busch und lässt seinen teerigen, motoröligen Geruch zu mir heraustragen. Tief hole ich Luft, sauge den teerigen Geruch in meine Lungen, dass ich ihn fast auf der Zunge schmecken kann. Ich weiß nicht, warum mir gerade dieser Geruch, der nicht einmal als wohlriechend beschrieben werden kann, so viel bedeutet. Aber ich habe ihn mit Genuss eingeatmet, als ich das erste Mal an ihm vorbeiging, habe Regenschauer in der Wüste genossen, wenn alles danach riecht, und es ist bis heute der einzige Geruch, den ich mir mit ein bisschen Konzentration immer wieder ins Gedächtnis rufen kann. Dass klappt sonst nicht einmal bei Schokolade.

Von oben strahlt die Sonne auf meinen Rücken. Mir geht es gut. Ich liebe diesen Ort, meinen ganz persönlichen Wohlfühl- und Reiseplatz, wo ich mich immer niederlassen kann, wenn ich meine persönliche Traumzeit betreten will.

Eigentlich will ich in die untere Welt reisen, um mich bei meinem Krafttier zu entschuldigen für meine lange Abwesenheit. Aber der Kreosote Busch, durch dessen innere Ringe ich im Wurzelwerk sonst hinabsteige, öffnet sich mir nicht. Mit seinem Duft hüllt er mich ein, seine gelben Blüten strahlen mich an, aber einen Weg gibt er mir heute nicht frei wie sonst, wenn er einladend die Äste öffnet, so dass ich hindurchschreiten kann zur Mitte, wo die abgestorbenen Stämme vergangener Jahre mein ganz persönlicher Einstieg in die Anderswelt sind. Er ist genauso groß wie ich, umschließt mich sicher mit seinen Ästen und ich liebe es, wenn ich in den dunklen Tunneln seiner Wurzeln wie auf einer Rutschbahn hinab reisen kann, wo mein Krafttier auf mich wartet.

Also bleibe ich abwartend auf dem Ramada Dach sitzen. Die Bambusmatte kratzt an meinen Oberschenkeln und ich werde etwas unsicher. Warum ist der Eingang heute verschlossen? War ich zu lange fort? Will mich die Geisterwelt nicht mehr sehen? Warum lässt sie mich nicht herein?

Ein Vogel landet neben mir. Ich kenne ihn. Er hat keinen Namen. Er heißt einfach nur Adler und gehört zu mir, seit ich ihn auf meiner allerersten Reise von dem Schamanen, der mich unterrichtete, bekommen habe. Er war seinerzeit mit mir gemeinsam gereist und hatte mir den majestätischen Adler durch mein Kronenchakra eingehaucht. Seitdem ist Adler da, immer, sobald ich meine Begleiter zum Schutze zu mir rufe oder wenn ich mich auf eine Reise begebe.

Seine schwarzen Federn glänzen im Sonnenlicht. Er hockt sich aufrecht vor mir hin, die Augen geradeaus und den Schnabel leicht aufwärts gerichtet. Ein leiser krächzender Schrei entfährt seiner Kehle. So ist er. Absolut kein Schmusetier. Manchmal reibt er seinen Schnabel an meiner Schulter. Nur ganz kurz, wie ein kleines Willkommen. Heute nichts dergleichen. Er starrt vor sich hin, bewegt ruckartig den Kopf nach rechts und links, als wolle er sich alles genau einprägen.

„Spring auf!", höre ich, wie man eben etwas hört, was nicht gesprochen wird. Adlers Stimme klingt immer etwas spröde, tief, sehr bassig und was er sagt, ist wenig und knapp.

Mit einem raschen Sprung bin ich auf seinem Rücken. Wie Nils Holgersson sitze ich jetzt leicht unterhalb seines Genicks auf den Schultern, so dass ich seinen Flügelschlag nicht behindere und seinen Hals mit beiden Armen umschlingen kann. Er streckt sich, wippt einmal kurz. Es ist wie der Moment, wenn das Flugzeug beschleunig und vorn schon abhebt. Dann sind wir auch schon in der Luft. Kraftvoll schwingt er seine Flügel und wir steigen hoch.

Ich liebe diese Flüge. Und wie ich sie liebe! Ich kann Adlers Federkleid riechen und fühlen. Wie ein Kind schmiege ich mich an ihn. Es ist so schön, ihn wieder so umarmen zu können. Fast hatte ich vergessen, wie es ist, diese tiefe Zufriedenheit, dieses innere Jauchzen, als ob alles vor Freude und Liebe überquillt. In der realen Wirklichkeit habe ich dieses Gefühl selten und nicht so intensiv wie hier, wenn ich auf Adler durch die Lüfte segele.

Im Rücken fühle ich seinen Flügelschlag. Kraftvoll und mächtig bringt er mich immer höher, der Sonne entgegen, die durch einen weißen Wolkenvorhang gedämmt wärmend auf uns niedersieht. Wir sind im Himmel. Irgendwo im endlosen Blau. So ruhig und friedlich ist die Welt nur hier.

Kurz darauf setzen wir zur Landung an. Wie im Sturzflug geht Adler nach unten. Ich muss mich regelrecht festklammern, um nicht über seinen Hals nach vorne abzurutschen. Vor mir sehe ich das Plateau des Tafelberges auftauchen. Er ist keiner der typischen Mesa-Berge und auch viel kleiner als der berühmte Namensvetter in Südafrika, sondern nur ein steiler brauner Bergkegel mit abgeschlagener Spitze. Dort oben, wo Adler jetzt aufsetzt, ist der Zeremonienplatz, eingerahmt von rötlichbraunen Felsbrocken, die wie kleine Megalithen das Rund formen. In der Mitte der Platz, auf dem manchmal ein Feuer brennt. Heute liegen hier nur ein paar alte, teilweise verkohlte Holzscheite.

Dort, wo gewöhnlich das Feuer prasselte, war jetzt ein schwarzer Kreis, der sich weiter und weiter nach unten zu einem Tunnel ausweitete. Ich sah Weiße Frau fragend an. Noch bevor sie eine Antwort geben konnte, schoss aus der Tiefe ein Energiestrahl hervor. Transparent weiß, fast wie eine riesige Milchglassäule, die in alle Richtungen Funken sprühte und deren Energie in allen Regenbogenschattierungen flimmerte. Auf einmal war ich nicht mehr alleine mit Weiße Frau, sondern rund um die Säule standen viele Gestalten. Ich konnte keine Gesichter erkennen, wusste auch nicht, ob es Menschen oder Spirits waren. Es war aber auch in diesem Augenblick gar nicht wichtig. Wie auf Kommando und mit tiefstem Wissen und Verstehen, einem Gefühl unendlicher Traurigkeit und gleichzeitiger Hilfsbereitschaft traten wir alle nahe zur Säule, legten unsere Hände daran, so dass diese rundum den energetischen Strahl einen umfassenden Kreis bildeten und einander berührten. Jemand oder etwas stimmte die Melodie an. Vielleicht war es Weiße Frau, vielleicht kam es aber auch aus dem Berg selbst, dem Lichtstrahl oder dem dunklen Universum um uns herum. Es war nur eine Harmonie, keine Worte. Eine sich wiederholende Melodie, die jeder von uns vor sich hin summte. Noch immer wusste ich nicht, warum ich dies tat, fühlte nur, dass ich es tun musste.

Dann verstand ich, was der Grund der Versammlung war: Heilung für Mutter Erde, den Planeten und die Menschen. In der realen Wirklichkeit tobte seinerzeit der Irak-Krieg. Shock and Awe! Angereichertes Uranium, das Auslöschen von Hochzeitsgesellschaften, verbrannte Erde. Durch die transparente Säule konnte ich hinuntersehen, den Krieg aus der Vogelperspektive betrachten. Es war furchtbar. Auch wenn die Menschen wie kleine Ameisen schienen, so waren doch das Seufzen und Leiden der Erde und alles, was auf ihr lebte und davon in Mitleidenschaft gezogen wurde, im Flimmern der Säule zu spüren. Wir umschritten die Säule. Es war kein Tanz, es war ein leises und wohlbedachtes Schreiten, wie man einem Sarg zur letzten Ruhe folgt. Und doch war es anstrengend, als ob unsere Körperkraft in die Energie der Säule einfloss und nach unten ableitete. Sie streifte die Kämpfenden, Opfer wie Täter nur leicht und wurde vom gelben Wüstensand aufgesogen. Ich konnte fühlen, wie Mutter Erde sich für unsere Bemühungen bedankte. Langsam sackte die Säule in sich zusammen und trug die letzten Reste des Lichts hinab auf die Erde. Meine Hände lösten sich vom Strahl. Ich sah mich um. Alle anderen waren verschwunden, ohne dass ich sie jemals richtig gesehen hatte. Nur Weiße Frau und ich standen in der rötlichen Ebene des Plateaus und sahen uns an.

Sie bedankte sich für meine Mithilfe und wir verabschiedeten uns. Einerseits weil der schnellere Trommelrhythmus mich wieder zurückrief in die reale Wirklichkeit, aber auch, weil es nach dieser Erfahrung nichts mehr zu sagen gab. Ich solle mich ab und zu um Mutter Erde kümmern, gab sie mir mit auf den Weg. Und obwohl ich es nicht regelmäßig tue, denke ich doch oft an sie und wünsche ihr alles Gute. Vielleicht hilft das ja auch ein wenig.

Jeder Mensch kann auch in seinem Wachbewusstsein seine Seele immer und jederzeit um Antworten oder um Beistand bitten. Sie wird dazu bereit sein. Vielleicht kommt diese Antwort nicht sofort und unmittelbar. Aber im Laufe der Bewältigung eines Problems oder einer Frage realisieren nicht wenige Menschen „zufällige" Signale, die wie eine Antwort erscheinen. Diese „Zufälle" werden umso bewusster und genauer empfangen, je mehr sich der Mensch seines Höheres Selbst/seiner Seele bewusst ist und mit ihr kommuniziert. Seelenimpulse – oder auch Intuitionen – kommen aus der Metaebene einer höheren Instanz oder Sicht.

Es sind diese tiefen Gefühle, die urplötzlich einfach da sind, und mit denen man im ersten Moment gar nicht recht etwas anzufangen weiß. Gerade in solchen Momenten sollte man in sich gehen, um diese Emotionen in ihrer Gänze zu erfahren. Gewöhnlich weisen sie in die Richtung, die die Seele einschlagen möchte. Je öfter sich der Mensch bewusst so beschäftigt, je einfacher wird es für ihn, die Signale der Seele zu verstehen. Oh ja – und es ist natürlich wichtig, sich sozusagen als Empfangsbestätigung zu bedanken. Das Leben wird die entsprechende Wendung nehmen, wenn der Mensch es erkennen, annehmen und praktisch umsetzen kann, selbst wenn dieser Impuls unter Umständen konträr zum Verstand ist.

Hierzu möchte ich eine kleine Geschichte erzählen, die sich ereignete, als ich mich in einer ziemlichen Erschöpfungsphase befand und versuchte, wieder auf die Füße zu kommen. Meinen Job hatte ich kurzerhand gekündigt, denn er war einfach nicht mehr auszuhalten und ich durchlitt alle Symptome eines Dauerstresses mit gesundheitlichen Folgen, wie man sie in einschlägigen Beschreibungen findet. Kurzfristig hatte sich eine Gelegenheit ergeben, Geld zu verdienen, die mir gleichzeitig die Möglichkeit bot, langsam wieder zu mir zu kommen:

Ungefähr ein Jahr nach meinem Fast-Burnout erzählte mir mein Mentaltrainer von einem Channeling – und dass er sich selbst von der

Wesenheit Rat holen würde. Ich war unschlüssig. Sollte ich oder nicht? War es Humbug oder war es das nicht? Letztendlich entschloss ich mich mitzumachen und verabredete ebenfalls einen Termin.

Ich ging also mit knapp sechzig das erste Mal in meinem Leben zu einem Channeling eines großen Meisters. Natürlich war ich entsprechend neugierig und auch skeptisch. Es war ein 1:1 Channeling. Das Medium selbst schaltete sich sozusagen weg – sie würde sich auch hinterher an nichts mehr erinnern können – und überließ ihren Körper als Werkzeug dem geistigen Meister. Natürlich kam mir das im ersten Moment unwirklich vor, bis ich sah, wie sich das Medium veränderte, ihr Gesicht einen gänzlich anderen Ausdruck annahm und ihre Stimme einige Nuancen tiefer war, mit einer völlig anderen Betonung und ohne eine lokale Färbung sprach. Mit ihr veränderte sich der gesamte Raum, der von einer unendlich liebevollen Gegenwart erfüllt wurde, die ich körperlich und emotional spüren konnte. Es hüllte mich regelrecht ein. Mir wurde warm, ich fühlte Güte und Liebe und war den Tränen der Glückseligkeit nahe. Ich weiß, dass dies sehr überspannt klingt. Ich kam mir auch so vor in diesem Moment und wollte meinen eigenen Wahrnehmungen nicht trauen. Aber ich will in diesem Buch ja ehrlich über meine Empfindungen und Gefühle sprechen. Und das habe ich echt und wirklich empfunden.

Dann sprach die Wesenheit. Ich, die ich das Medium weder vorher kannte noch ihr jemals irgendetwas aus meinem Leben erzählt hatte, war erstaunt, was die Wesenheit wusste und wie diese mein Leben beschrieb. Dabei, so erzählte das weibliche Medium mit männlicher Stimme, sei es ihr völlig egal, was ich im Menschsein beruflich mache oder nicht. Er sähe ohnehin nur die Seele. Und jetzt wäre tatsächlich ein Knackpunkt in meinem Leben gekommen. „Weißt Du", sagte er zu mir, „jetzt ist der Punkt, wo genau das passiert, was Du Dir vor Deiner Geburt vorgenommen hast. Du bist mit einer unendlichen Energie auf die Welt gekommen, die Du freigiebigst verteilt hast. Du hattest ja auch unendliche Reserven, meintest Du. Du hast alles gemacht, was Du wolltest. Du hast gelebt wie jemand, der an einem vorbeifahrenden Band mit Ereignissen sitzt und hast Dir jedes herausgegriffen, das Dir zugesagt hat, ausgepackt und bis zum Ende genossen. Woher die Energie dazu kam, darüber hast Du nie nachgedacht. Sie kam aus Dir. Aber das ist aus dem Horizontalen." Das Medium machte dazu eine Bewegung, als ob sie aus der Bauchgegend etwas versprühen und verteilen würde. Verblüfft stellte ich nach kurzer Überlegung fest, dass es wirklich so gewesen war, auch wenn ich es bis dahin nie so empfunden hatte. Ich hatte wirklich gemacht, was mir gefiel: die Welt bereist, auf einer Cessna fliegen gelernt, längere Zeit im Reservat verbracht, ein Kind als Alleinstehende erzogen, bin sogar einmal zum Klamotten einkaufen nach New York geflogen, nur weil ich einmal wissen wollte, wie sich das anfühlt, so etwas machen zu können. Stimmt, vieles davon geschah im Außen, aber ich glaube, das realisiere ich erst jetzt. Wie dem auch sei. Spaß hat es gemacht.

„Aber jetzt", so fuhr die Stimme fort, „jetzt geht das nicht mehr. Das hattest Du Dir so vorgenommen. Genauso, wie Du Dir für das letzte Drittel Deines Lebens vorgenommen hast, etwas anderes zu erfahren. Für Dich ist die Zeit gekommen, dich darauf zu besinnen, dass Du ein geistiges Wesen bist, das in einen Körper inkarniert ist. Deine Energie kommt nicht mehr aus Dir selbst. Was Du mitgebracht hast, ist aufgebraucht. Die Energie kommt in der Zukunft aus Deiner vertikalen Anbindung. Weißt Du, Du bist aufgehängt zwischen Himmel und Erde wie ein Baum. Auch er erhält die Energien von Himmel und Erde und gibt sie in Form von Früchten an das Leben ab. Das ist es, was den letzten Teil Deines menschlichen Lebens ausmachen soll. Du wirst weiterhin Deine Früchte verteilen, aber du wirst sie in Zukunft aus deiner Anbindung an Dich selbst, Deine Seele, Dein Höheres Selbst oder der geistigen Welt ziehen, wie auch immer Du es nennen willst. Und es wird Dir auch auf diesem Weg in Hülle und Fülle zur Verfügung

stehen. Denn auch im letzten Drittel Deines Lebens warten noch Aufgaben auf Dich, die erledigt werden wollen. Und genau dazu benötigst Du diese Anbindung."

Das Gespräch ging noch viel weiter und tiefer und langsam begriff ich, dass meine Erschöpfung und momentan unglücklichen Lebensumstände kreiert werden mussten, damit ich an einem Platz umgeben von Wald und Natur genau diese Anbindung lernen konnte. In der Zeit nach dem Channeling traf ich ohne große Anstrengung eine Vielzahl an Menschen, die mich auf die eine oder andere Weise darin unterstützten, genau dies zu erfahren und mir halfen, mich mit meiner Seele, der Tatsache, dass ich ein geistiges Wesen bin, zu beschäftigen und dies in mein Leben zu integrieren.

Und in noch einem sollte die Wesenheit Recht behalten. *„Du wirst ungefähr zwei Jahre brauchen, um das alles zu erfahren und in Dir zu festigen, und dann bist Du bereit für neue Aufgaben. Gebe Dir die Zeit!"*

Seit diesem Zeitpunkt achte ich auf Zeichen, die mir auf meinem Weg begegnen und sehe sie als Antworten auf meine Fragen, wenn zum Beispiel das bei mir selten eingeschaltete Radio ausgerechnet mit einem Lied einsetzt, das im Refrain die Zeile hat: ... du bist nicht allein...! Dann weiß ich, dass ich meinem Ziel näherkomme und bald der Moment da sein wird, an dem mich wieder neue Geschenke auf dem Band erwarten, nur diesmal mit anderen und neuen Energien.

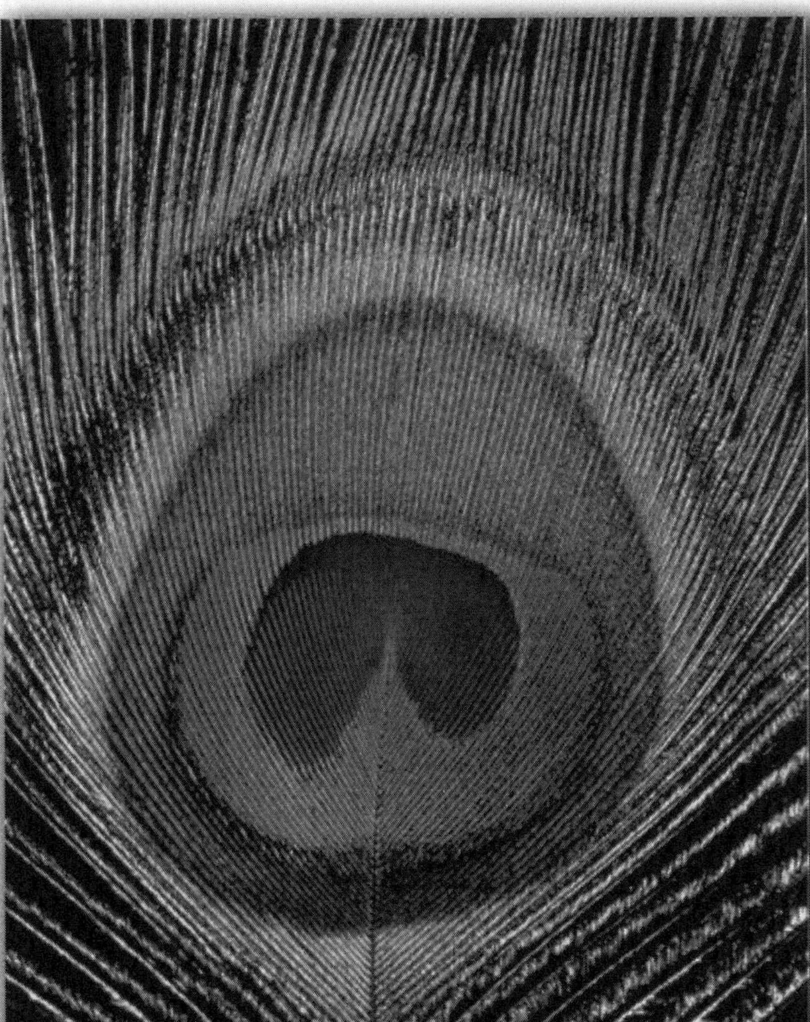

Sterben kann gar nicht so schwer sein –
bisher hat es noch jeder geschafft.

Norman Mailer

Das Sterben

Sterben und Tod gehören untrennbar zusammen. Jedoch ist die Angst vor dem Sterben oftmals schlimmer als die vor dem Tod selbst. Wieso ist das so? Und wer oder was bestimmt eigentlich den Todeszeitpunkt?

Geburt und Tod gehören zu den kraftvollsten Momenten im Leben. Sie sind die beiden Materie-Energie-Übergänge. Diese Momente erfährt jeder individuell für sich allein. Niemand kann dabei helfen. Während zu früheren Zeiten bei beiden Gelegenheiten oftmals viele Menschen zugegen waren, um das Leben zu begrüßen oder zu verabschieden, haben die modernen Menschen es in die Sterilität des Krankenhauses verlegt. Geboren und gestorben wird oftmals angeschlossen an Geräte und Schläuche, durch Medikamente betäubt und – allein. So sehr hat die Angst vor dem Tod den Menschen von heute im Griff, dass er sich in seiner Zivilisiertheit zur Einsamkeit im wichtigsten Moment seines Lebens verdonnern lässt.

Oftmals ist es der Gedanke an Schmerzen, der das Denken im Zusammenhang mit dem Vorgang Sterben beherrscht. Manchmal ist der Schmerz eine Folge davon, dass sich Ego und Seele zu weit voneinander entfernt haben und dies jetzt schmerzhaft spüren. Manchmal hat sich allerdings auch eine Seele von vorneherein vorgenommen, die Welt auf diese Art zu verlassen, um eben einmal diese Erfahrung zu machen. Was auch immer der Grund dafür ist, er basiert auf dem freien Willen der Seele und sollte als solches respektiert werden. Zum Zeitpunkt des aktuellen Sterbens – in dem Moment also, wenn die Seele den Körper verlässt – gibt es keine Schmerzen mehr. Dann ist die Seele bereits mit dem Jenseits in Kontakt, sodass, ähnlich wie im Schlaf, der Körper nicht mehr gespürt wird. Teilweise hat die Seele den Körper aber auch schon verlassen, bevor dieser seine Funktion endgültig aufgibt.

Meine Freundin, die Seelenbegleiterin Renate – sie kann es partout nicht leiden, wenn ich „Ghostbuster" zu ihr sage –, erzählte mir von einem Fall aus ihrer eigenen Praxis:

„Ein Freund von mir starb 82-jährig einen plötzlichen Herztod. Er war auf seinem Fahrrad unterwegs zum Brötchen holen, winkte dem Nachbarn noch freudig zu und fiel im nächsten Moment tot auf das Straßenpflaster. Natürlich wurde sofort der Notarzt informiert und alle Rettungsmaßnahmen wurden in Angriff genommen – gegen den Willen der Ehefrau, die verzweifelt versuchte, den Ärzten klar zu machen, dass ihr Mann eine Patientenverfügung unterzeichnet hatte und keinesfalls Reanimationsmaßnahmen wollte. Für sie war dieser Moment ganz schrecklich. Sie dachte, dass ihr Mann bei diesen ganzen medizinischen Rettungsversuchen furchtbar leiden würde.

Wir waren eine geraume Zeit dieses Lebens, und auch in einigen Leben davor, wirklich gute Freunde gewesen. Und so kam es, dass er mich auch nach seinem Tode in seiner energetischen Form besuchen kam, beinahe genauso, wie er es zu Lebzeiten zu tun pflegte. Ich fragte ihn zu genau dieser Frage der Reanimationsmaßnahmen, die seine Frau so quälten, und er lachte und meinte: ‚Ach, zu dem Zeitpunkt war ich doch schon längst weg. Was die mit meinem Körper gemacht haben, hat mich doch gar nicht mehr interessiert.' Er besuchte mich noch mehrere Male, bis er mir eines Tages vor noch nicht allzu langer Zeit verkündete, er käme jetzt nicht mehr im Geist zu mir, da er wieder inkarnieren würde, wir uns aber dann sowieso wiedersehen würden. Und ja, ich würde ihn auf alle Fälle wiedererkennen. Seitdem warte ich darauf, dass ein Baby zur Welt kommt und heranwächst und mich eines Tages mit dem für ihn typischen ‚Ich tue ein Küsschen auf Dich!' begrüßt."

Den Zeitpunkt ihres Todes hat jede Seele vor ihrer Inkarnation bereits festgelegt. „Das steht alles in dem großen Buch geschrieben", sagte die Oma immer. Und das ist richtig. Die Seele bestimmt, wann und wo sie inkarniert. Sie bestimmt allerdings auch, wann und wo sie das Erdenleben wieder verlassen will.

Da sie weiß, dass sich durch das Entstehen des Egos beim Inkarnationsvorgang ein Gegenpol auftut, der sowohl mit ihr im Einklang als auch komplett konträr zu ihr existieren kann, plant sie quasi von vorneherein Ausstiegsmomente mit ein, um gegebenenfalls vorher ihr Leben abschließen und in die Ewigkeit zurückkehren zu können. Vielleicht ist das Ego ja auch kooperativ oder durch fleißige Arbeit mit dem Bewusstsein transformiert, und die Seele ist „früher fertig" und darf nach Hause.

Insgesamt fünf Sterbezeitpunkte werden von der Seele geplant und in den zu gehenden Lebensweg eingebaut. Das heißt jetzt aber nicht, dass damit das ganze Leben schon vorgeplant wäre, es heißt lediglich, dass die Seele dafür sorgen wird, dass ihre körperliche Inkarnation diese Möglichkeiten wahrnehmen könnte. Es gibt eine unendliche Zahl an möglichen Lebenswegen für jede inkarnierte Seele, auf der sie sich bewegen kann, um ihre Lebensaufgabe zu erfüllen und trotzdem an diesen festgelegten Zeitpunkten vorbeizukommen.

Der Weg, auf dem man zu diesen Sterbezeitpunkten gelangt, ist frei und wird durch den Lebenslauf des Einzelnen vom Ego, idealerweise unter Einbeziehung der Seele, bestimmt. Die Zeitpunkte und Sterbemöglichkeiten jedoch sind von der Seele vorausgeplant, zum Beispiel als Unfälle, Krankheiten, Gewalttaten, Fallen im Krieg, Hinübergehen im Schlaf – die Möglichkeiten sind so vielfältig, wie es Todesursachen gibt. Nur den Selbstmord wird sich eine Seele nicht aussuchen, außer sie will genau diese Erfahrung machen. Er wäre ja auch unnötig, denn sie hat sich ja schon Vorsorgeklappen eingebaut. Selbstmord ist in beinahe allen Fällen eine pure Entscheidung des Egos, das damit sich und andere strafen oder sich einer Situation nicht mehr stellen will. Selbstmord geschieht nahezu nie aus der Motivation „Liebe", was ein klares Zeichen ist, dass es nicht von der Seele kommen kann.

Diese Auslegung wird verständlicher, wenn man sich einmal vor Augen führt, wie viele Freunde und Bekannte in ihrem Leben schon einmal bei – zum Beispiel – einem Autounfall gerade noch mit einem blauen Auge davongekommen sind. Wie viele waren in „Beinahe-wär's-geschehen-gewesen" Haushaltsunfälle verwickelt? Wie viele waren bei Überfällen dabei und haben es wider Erwarten überlebt? – Das war kein Zufall.

Petra G., zum Beispiel, fuhr eines Tages gemütlich über eine Landstraße dahin. Die Sicht war frei, der Tag sonnig. Sie selbst fühlte sich wohl und summte wahrscheinlich vor sich hin. Dort vorn stand ein Linksabbieger und wollte offensichtlich in einen wenig befahrenen Feldweg einbiegen. Seltsamerweise tat er es aber nicht, sondern stand einfach nur blinkend da. Petra nahm es wohl zur Kenntnis, dachte aber nicht weiter darüber nach.

Kurz bevor sie seine geplante Fahrbahn kreuzte, gab der Linksabbieger plötzlich Gas. Es knallte gewaltig. Petra überschlug sich ein paar Mal und blieb im Getreidefeld liegen. Plötzlich fühlte sie, wie sie ihren Körper bereits verlassen hatte.

Sie sah die ganze Szene unter sich. Sie sah, wie sie selbst verbogen in dem Totalschaden von Auto lag und sie sah auch den verletzten Linksabbieger in dessen Fahrzeug. Was war geschehen? Sie konnte es selbst im ersten Moment gar nicht einordnen. Plötzlich hörte sie eine Frage: Weitergehen oder zurückgehen? – Petra war etwas verwirrt. Was wollte man von ihr? Weitergehen? Zurückgehen? Spontan war Petra der Meinung: Zurück. Ich will zurückgehen. In meinen Körper. Und im nächsten Moment war sie das auch schon wieder.

Verdreht liegend fand sie sich im Auto vor. Ihr fehlte nichts. Nur ein Finger war verknackst. Der Linksabbieger, ein älterer Mann, musste ins Krankenhaus. Petra besuchte ihn später, damit er sich keine Vorwürfe mehr machen sollte wegen des von ihm verschuldeten Unfalls.

Was war hier geschehen? Petras Seele hatte mit der Seele des Linksabbiegers lange vor beider Geburt noch im Jenseits vereinbart, dass dieser dort im Diesseits auf Petra warten würde, um ihr durch ein Ereignis die Möglichkeit zu geben, in den Lichtraum der Ewigkeit zurückkehren zu können, falls sie das zu dem Zeitpunkt denn wolle. Es war eine Verabredung dieser beiden Seelen gewesen, und der Mann war pünktlich zum Termin erschienen. Er hatte sich dort hingestellt, um auf Petras Seele zu warten und dann den Unfall herbeizuführen. Vielleicht war diese Seele sogar nur zu diesem einen Zweck inkarniert. Petras Seele hat die Gelegenheit ergriffen und ist aus dem Körper hinausgetreten, hat sich aber dann entschlossen, das irdische Leben doch weiter fortzusetzen. Entweder hatte sie ihre Aufgabe noch nicht zur Vollständigkeit erfüllt, oder sie wollte vielleicht das Leben nur noch etwas genießen. Was auch immer – Petras Seele weiß es, und Petra ist sicherlich auf dem richtigen Weg.

Tatsache ist, dass Petra bei diesem Autounfall eine sogenannte Nahtod-Erfahrung machte. Sie hatte für einen Moment den Raum des Todes betreten.

Wenn man so viel verabreden kann als Seele, kann man dann auch im Leben verabreden, dass man sich nach dem Tod noch verbunden bleibt? Nun ich weiß es nicht, aber meiner Meinung nach schon:

Ich habe mit meinem Ex-Mann einmal in einer seligen Weinlaune verabredet, dass sich der, der als erster in Jenseits geht, bei dem anderen meldet, um anzugeben, dass es wirklich ein Leben nach dem Tod gibt. Und wir suchten uns eine Ecke des gemeinsamen Wohnzimmers aus, was wir uns dann gegenseitig zeigen wollten, wie auch immer das dann möglich sein sollte. Wir lachten seinerzeit darüber, waren auch noch recht jung und nahmen alles weniger ernst.

Viele, viele Jahr später – wir waren schon lange getrennt, und die Beziehung hatte sich auch nicht glücklich entwickelt, so dass wir nach Ende der Ehe keinen Kontakt hielten – träumte ich eines Nachts von ihm. Wir hatten viel Streit und haben uns sehr unschön getrennt, und hatten uns seit der Trennung weder gesehen, noch gesprochen oder gar Adressen ausgetauscht. Jetzt saßen wir gemeinsam im Wohnzimmer, friedlich und freundlich. Es fühlte sich richtig gut an und so wahr, als würde es wirklich geschehen. Ich weiß noch, dass mit während des Traums einfiel: Wieso vertrage ich mich auf einmal so gut mit dir? Das haben wir doch nie! Aber so war es. Wir lachten und scherzten miteinander und als er sich verabschiedete, nahm er mich in den Arm und meinte, dass jetzt alles gut ist und es keine Unstimmigkeiten mehr gibt. Bevor er ging, zeigte er auf die Stelle des Wohnzimmers, die wir seinerzeit vereinbart hatten. Als ich wach wurde, war ich mir sicher, dass etwas passiert sein musste.

Vielleicht ist es Einbildung – aber ich bin fest davon überzeugt, dass wir jetzt wirklich im Reinen sind. – Übrigens hörte ich etliche Wochen später von gemeinsamen Bekannten, die ich per Zufall auf einem Fest in einem ganz anderen Ort traf, dass er gestorben war. Es muss um die Zeit herum gewesen sein, als ich diesen Traum hatte.

Ohne den Tod wären alle Kreaturen für immer
an eine unvollkommene Form des Lebens gebunden.

Sri Aurobindo

Der Raum des Todes

Eigentlich klingt dieser Titel furchtbar, oder? – So endgültig. So tot. So nichts. Würde sich „die Phasen des Übergangs vom irdischen ins unendliche Leben“ nicht viel angenehmer lesen? Schließlich ist der Tod ja nichts anderes als ein Umwandelprozess. Es geht von der Materie zurück in die Energie, ins Licht. Das sollte doch den schwarzen Sensenmann gleich etwas freundlicher aussehen lassen, oder nicht?

Aber bleiben wir bei unserer nächsten Betrachtung ruhig beim Begriff „Raum des Todes“. Denn schließlich soll dieser so düster behaftete Begriff des Todes für uns ja etwas von seinem Schrecken verlieren.

Im vorherigen Kapitel wurde beschrieben, wie die Seele ihre Ausstiegsszenarien aus dem Diesseits vorbereitet. Manche dieser Momente wird der Mensch vielleicht nur als Unfall oder Krankheit wahrnehmen. Bei allen jedoch tritt die Seele kurzzeitig aus dem Körper aus, um sich hinsichtlich ihres weiteren Vorgehens zu orientieren. Sie betritt das erste Zimmer im Raum des Todes. Im Raum des Todes durchläuft die Seele drei verschiedene Phasen. Bei jedem Wechsel von einer Phase in die nächste schreitet man quasi durch eine Art Schleuse, die der Seele einen weiteren Wegabschnitt im Raum des Todes eröffnet.

Symbolisch ausgedrückt, wird der Mensch an allen von der Seele vorgeplanten Sterbezeitpunkten auf seiner Wanderung durch den Zeittunnels des Lebens auf eine Tür stoßen mit der Aufschrift „Tod“. Diese kann er weder umgehen noch ignorieren. Er muss sie öffnen und eintreten, um den nächsten Schritt zu machen. Er geht hindurch und fühlt, dass er plötzlich seinen physischen Körper verlassen hat. In diesem Augenblick erkennt er, dass er noch immer lebendig ist –

wenn auch nicht mehr in einem Körper. Jetzt kann die Seele die Entscheidung treffen, ob sie wieder zurück will ins Leben oder Weitergehen ins Licht. Das passiert bei allen geplanten Sterbezeitpunkten, außer beim letzten.

Neale Donald Walsch beschreibt das in seinem Buch „Zuhause in Gott" als die „Heilige Befragung". Er hat sicherlich Recht. Denn viele, die eine Nahtod-Erfahrung hatten, berichten über diese Frage.

Folgendes erlebte Renate Fecher mit einem Freund:

„Wir lebten zusammen und eines Tages hatten wir einen Riesenstreit. Zum Abreagieren drehte er erst einmal mit dem Fahrrad ein paar Runden über die Wiesen am Fluss. Anschließend zog er sich wütend ins Bad zurück. Irgendwann habe ich geklopft, um mit ihm zu sprechen. Aber ich bekam keine Antwort, und als ich die Tür aufmachte, sah ich ihn bewusstlos auf dem Boden liegen. Ich eilte zu ihm, kniete mich hin und legte mir seinen Kopf auf den Schoss. Im ersten Moment hatte ich den Eindruck, dass er nicht mehr atmete. Doch dann seufzte er tief auf, und kurz darauf öffnete er auch wieder die Augen. Später erzählte er mir, dass er im Badezimmer wie ausgeknockt einfach umgefallen wäre. Er habe plötzlich auf dem Boden gelegen und sich gleichzeitig selbst liegen sehen. Er wäre da gewesen und habe trotzdem auf sich heruntergeschaut, und es sei ihm klar gewesen, dass er nicht mehr geatmet hätte. Und dann hätte er gesehen, wie ich hereingekommen wäre und ihn in den Arm genommen hätte. Dann wäre auf einmal so etwas wie ein starker Sog da gewesen und ein helles Licht. Stark, leuchtend und wunderschön. Plötzlich sei er irgendwo anders gewesen. Nicht mehr in unserem Badezimmer. Er war überzeugt, dass er nicht mehr auf dieser Welt gewesen war. Wo, wüsste er nicht – nur, dass er jetzt nie mehr alleine sein würde. Nie mehr. Und dann wäre da eine Stimme gewesen, die ihn deutlich und eindringlich gefragt hätte: ‚Was möchtest du? Weiter dieses Leben leben oder willst du nun in das Licht eingehen?' Dann war einfach nur Stille, während er diese Frage spürte. In dem Augenblick, in dem et-

was in ihm sich für das ‚Weiterleben' entschied, sei der Sog weg gewesen und er hätte wieder sich und mich im Badezimmer gesehen. Und kurz darauf wäre auch das Bild weg gewesen, und er sei mit dem Kopf auf meinem Schoss wieder aufgewacht. Für ihn war es eine einschneidende Erfahrung, die auch einen nachhaltigen Eindruck in seinem Leben hinterließ."

Dieses Erlebnis bestätigt die Heilige Frage sehr deutlich und dass nicht jeder Todeszeitpunkt unwiderruflich der letzte ist. Hat die Seele ihre Erfahrungen gemacht und damit ihren Plan erfüllt, den sie sich für diese Inkarnation gesetzt hat, kann sie sich bei der Heiligen Frage zum Weitergehen entscheiden – oder auch zum Bleiben, um noch etwas zu erleben und zu erfahren. Hat sie ihren Inkarnationsplan noch nicht erfüllt, ist aber auf dem besten Wege und alles entwickelt sich optimal, dann wird sie sich vermutlich entscheiden, in den Körper zurückzukehren. Ist sie noch nötig, um einer anderen Seele in deren Inkarnationsplan zu helfen, kann es auch ein Grund sein, sich für das Weiterleben zu entscheiden. Ist sie weit entfernt von der Realisierung ihres ursprünglichen Inkarnationsplans, entscheidet sie sich vielleicht, doch jetzt schon ins Licht zu gehen und die Inkarnation nicht komplett zu Ende zu leben, sondern sich in einem nächsten Leben noch einmal von vorn damit zu beschäftigen.

Nicht immer findet die Heilige Frage sofort statt. Sie kann auch zu einem späteren Zeitpunkt erfolgen. Von Nahtoderlebnissen wissen wir, dass manche sogar den Tunnel ins Licht schon gesehen oder teilweise sogar schon betreten haben und trotzdem noch einmal die Möglichkeit bekamen, in den Körper zurückzukehren und ihr Leben fortzuführen. Entscheidet sich die Seele für den Gang ins Licht, ist der Mensch für die hiesige Welt auf der Erde tot. Entscheidet sie sich für die Rückkehr in die Inkarnation, dann hatte sie eine sogenannte Nahtoderfahrung.

Mitunter entgeht auch einer Seele diese heilige Frage, denn viele sind vor Schreck oder Zauber über das, was gerade passiert, so verwirrt oder aber fasziniert, dass sie gar nicht darauf achten.

In dieser ersten Phase des Todes findet auch der Rückblick auf das Leben statt. Man sieht sein eigenes Leben noch einmal an sich vorbeiziehen. Was hat man gemacht? War das eine hilfreiche Erfahrung? Hätte man eine andere Wahl treffen können? Alle wichtigen Ereignisse des Lebens werden sozusagen in Sekundenbruchteilen noch einmal erlebt und gefühlt – und zwar nicht nur aus der eigenen Sicht, sondern auch aus Sichtweise und Emotion der anderen daran Beteiligten. Diese Szene findet oftmals in einem der Seele sehr bekannten Raum statt. Das kann das eigene Wohnzimmer sein, ein Lieblingsplatz oder selbst das Lieblingscafé. Für viele, denen dieses Ereignis nach einer Nahtoderfahrung noch im Gedächtnis ist, fand diese Besprechung in einer Form statt, die sie tatsächlich als sehr real erfahren haben.

„Die Lebensrückschau empfinden viele als eine Art Gericht, denn die Lichtwesen betonen immer wieder die Bedeutung der Liebe und des Weisheitserwerbs sowie der Wirkungen, die die eigenen Handlungen auf andere haben. So weiß die Person dann, was sie im Leben richtig oder falsch gemacht hat." So Holger Kalweit, der als Ethnologe das Schamanentum und die Kosmologie der Naturvölker erforscht. Dem gegenüber steht die Meinung, dass es ein falsch oder richtig nicht gibt, und dass nicht jede Seele es sich als oberste Lebensaufgabe gesetzt hat, einen Schritt zur Weisheit voranzukommen. Vielmehr ist es eben durchaus auch möglich, dass eine Seele sich vorgenommen hat, ein ganzes Leben durchzufeiern. Party zu machen. Oder irgendeine andere der unendlich vielen möglichen Erfahrungen, die ein schönes oder auch weniger schönes Ende nehmen können.

Bei diesem Rückblick ist auch der jeweilige Begleiter oder Berater der Seele anwesend, der ihr erkenntnisreich zur Seite steht. Die Beurteilung „richtig" oder „falsch" wird dieser Begleiter nicht machen, denn für ihn als Abgesandten des Lichtraums der Ewigkeit gibt es kein richtig oder falsch, sondern nur ganz wertneutral eine Erfahrung. Er wird allerdings darauf hinweisen, welche Konsequenzen die Entscheidungen der Person nach sich gezogen haben und welche negativen oder positiven Erlebnisse und Emotionen sie damit in das Leben anderer gebracht hat. Er zeigt ebenfalls auf, was die Seele noch lernen könnte, wenn sie sich bei der Heiligen Frage zur Rückkehr entscheidet. Auch wenn sich längst nicht alle, die eine Nahtoderfahrung hatten, an dieses Ritual erinnern, so gibt es doch ausreichend Rückkehrer, die diesen Teil der Nahtoderfahrung sehr übereinstimmend schildern.

Hat die Seele sich entschlossen, die materielle Welt zu verlassen, legt sie ihren Körper endgültig ab und geht weiter in die zweite Phase. Als erstes gelangt sie in den Raum des persönlichen Glaubens. Hier geschieht genau das, wovon dieser Mensch überzeugt ist, dass so das Leben nach dem Tod aussieht. Wer also glaubt, dass er nach dem Leben in der Hölle schmort, wird genau das erfahren. Wer glaubt, dass es dort gar nichts gibt, für den gibt es dort auch gar nichts. Wer davon überzeugt ist, dass er auf einer blühenden Wiese landet, wird auch genau dort ankommen.

Beinahe überall auf der Welt besteht der eine oder andere Mythos, dass Seelen noch ein paar Tage bleiben, bevor sie endgültig gehen. Im Normalfall pendelt eine Seele noch bis zu 40 Tagen zwischen der physischen und der spirituellen Welt. Viele Kulturen kennen einen Zeitraum von 40 Tagen als erste und stärkste Zeit der Trauer. Je nach Kultur wird während dieser Zeit regelmäßig in Ritualen der Toten gedacht. 40 Tage lang tragen die Verwandten in der orthodoxen Kirche Trauer, nur die unmittelbaren Angehörigen länger. Rumänische Kalderas machen während der 40-tägigen Trauerzeit jeden Tag einen Knoten in eine Schnur, die am vierzigsten Tag alle wieder aufgeknotet werden. Man sagt, 40 Tage beträge die mögliche Zeit der Wiederkehr einer Seele, erst danach ginge sie in das Totenreich ein. Auch der Perser trauert vierzig Tage lang, während derer er kein Bad besucht und sich das Haar nicht scheren lässt. 40 Tage braucht die Seele nach dem Glauben der Tibeter, um durch den Bardo zu reisen und sich mit einem neuen Körper zu verbinden. 40 Tage, sagt man, braucht die Seele, um sich auf eine neue Situation einzustellen. 40 Tage – oder die berühmten rund 6 Wochen – braucht der Säugling, bis er die Trennung von der Mutter verarbeitet hat und nachts nicht mehr schreit. 40 Tage dauerte die Sintflut, 40 Tage saß Jesus in der Wüste. 40 Tage waren es, bis Moses von dem Berg mit den 10 Geboten zurückkam. 40 Tage dauert das österliche Fasten. Immer wieder tauchen diese 40 Tage auf und beschreiben einen Zeitraum, in dem wichtige Veränderungen stattfinden.

Mit welchen Überzeugungen auch immer diese 40 Tage Trauerzeit gefüllt sind, sie bieten den Trauernden die notwendige Möglichkeit, Abschied zu nehmen und den Weggang des Toten zu verarbeiten.

Sie geben aber auch dem soeben Verstorbenen die Möglichkeit, seine „De-Inkarnation" zu verarbeiten, sich vom Leben und von seinen Liebsten zu verabschieden und alles Materielle, dem er sich verbunden fühlte, zurückzulassen. Oftmals bleiben die Seelen auch noch in der Nähe der Hinterbliebenen, um diese zu trösten. Es kommt allerdings auch vor, dass Seelen sofort weitergehen – zeitweise ihre eigene Beerdigung nicht mehr erleben, wie ich es am Anfang des Buches über den Tod meiner eigenen Mutter beschrieb. Sie ging fast unmittelbar und ich bin mir sicher, dass sie auf ihrer Beerdigung schon längst nicht mehr anwesend war – oder aus dem Lichtraum der Ewigkeit zusah.

Während die soeben verstorbene Seele in der zweiten Phase im Raum des Todes ihre eigene Vorstellung von der Zeit nach dem Tod erlebt, erhält sie immer wieder Hilfe von Lichtwesen oder den Seelen bereits verstorbener Verwandten, die bitten, ihnen ins Licht zu folgen. Freunde, die Seelenfamilie, liebe Verstorbene stehen bereit, um die Seele in Empfang zu nehmen und ins Licht zu begleiten. Das heißt aber nicht automatisch, dass jede Seele diese auch wahrnimmt und ihnen folgt. Mitunter ist eine Seele vom jüngst eingetretenen Tod noch verwirrt – sie hat vielleicht die Heilige Frage nicht mitbekommen oder aber ihren letzten vorgeplanten Todeszeitpunkt erreicht, an dem diese Frage nicht mehr gestellt wird. Oft ist es auch so, dass eine Seele in dieser zweiten Phase im Raum des Todes ihren Tod auch nicht erkennen will. Manche sind davon überzeugt, dass sie noch in die materielle Welt gehören. Sie sind erdverbunden, haben vielleicht noch nicht alles erledigt oder erkennen aus anderen Gründen nicht an, dass sie bereits verstorben sind und weitergehen sollten. Sie hängen in ihrem Bewusstsein wie in Endlosschleifen in Verstrickungen fest.

Allerdings ist eine Rückkehr in den materiellen Körper nicht mehr möglich, wenn sich die Seele bei der Heiligen Frage nicht für die Rückkehr in den Körper entschieden hat oder der letzte Todeszeitpunkt gekommen ist. Sie können also nur als energetisches Wesen in die materielle Welt zurückkehren – als Gespenster oder Spukerscheinungen.

Dies verdeutlicht dieser Fall, den Renate Fecher erlebte, als sie von einer Familie zur Hilfe geholt worden war, die davon sprach, dass es in ihrer Scheune spukte. Sie hörten Geräusche, auch wenn niemand dort war, und es fühlte sich so kalt und ungemütlich an.

„Nachdem ich mich auf die Situation eingestellt hatte, sah ich tatsächlich zwei junge starke Burschen, die scheinbar Bauern waren und sich einen Kampf lieferten. Ihrem Aussehen und der Kleidung nach zu urteilen, mussten sie damit schon so ungefähr drei- bis vierhundert Jahre beschäftigt sein. Bei Kontaktaufnahme stellte es sich heraus, dass die beiden Nachbarn und Freunde gewesen waren. Leider waren sie nicht unbedingt die Hellsten gewesen. Jedenfalls hatten sie während ihres Lebens Streit bekommen und waren mit den Mistgabeln aufeinander losgegangen. Irgendwie hatten sie sich in ihrer Wut gegenseitig damit so stark verletzt, dass sie alle beide daran verstarben. Beim Sterben realisierten sie, was sie gerade getan hatten und waren furchtbar erschrocken. Hier kamen also mehrere Emotionen zusammen: Wut, Schock und plötzliches Entsetzen darüber, dass sie gerade ihren besten Freund umgebracht hatten. Damit sind sie nicht zurechtgekommen. Sie konnten es sich nicht verzeihen. Um nicht mit den Gedanken und Gefühlen konfrontiert zu werden, spulten sie quasi auf Anfang zurück. Ihre Wut aufeinander half ihnen, Gefühle wie Schmerz und Trauer erst gar nicht aufkommen zu lassen. So haben sie dieselbe Situation immer wieder durchgespielt. Das kann man sich in etwa so vorstellen wie eine Wiederholungsszene beim Fernsehzusammenschnitt, wenn das Tor immer wieder geschossen wird. In diesem Falle jagten die beiden einander von rechts kommend, gingen aufeinander los, verletzten sich, starben, realisierten, was passiert war und im

nächsten Moment kamen sie schon wieder von rechts und jagten sich. Sie ließen sich auch zunächst nicht in ihrer Tätigkeit stören. Regelrecht anbrüllen musste ich die beiden, bis sie endlich einen Moment unterbrachen, stehenblieben und zuhörten. Danach war es relativ einfach, ihnen alles verständlich zu machen, sodass auch sie endlich ins Licht gehen konnten."

Diese zweite Phase im Raum des Todes wird im weiteren Verlauf des Buches noch einmal zur Sprache kommen. Dort halten sich nämlich die Seelen auf, die den Weg ins Jenseits noch nicht finden konnten oder wollten und die mitunter beginnen, die noch Lebenden durch ihre Anwesenheit zu plagen. Nicht nur Menschen mit besonderen medialen Fähigkeiten können diese erspüren. Obgleich es diesen einfacher gelingt, kann aber im Prinzip ein Jeder erlernen, seine Intuition und Wahrnehmung soweit zu schulen, dass er diese Energien spüren und zeitweilig sogar mit Verstorbenen in Kontakt treten kann.

Ist die Seele bereit, geht sie in die dritte Phase im Raum des Todes. Hier steht sozusagen der Fahrstuhl in die Ewigkeit. Zumeist wurde dieser endgültige Übergang ins Licht beschrieben als eine Art Tunnel, durch den man hinübergeht, immer wieder wird von ihm auch nach Nahtoderlebnissen berichtet.

Auf eine solche Erfahrung verweist zum Beispiel Mellen-Thomas Benedict, der an Krebs leidend nach über einer halben Stunde wiederbelebt wurde. Seine Ausführungen sind beinahe so etwas wie das Paradebeispiel für das Jenseits geworden und vielfach zitiert:

„Und ich wurde durch das Licht gebracht, und zu meiner Überraschung durch es hindurch, bumm! Wie durch eine Art Schallmauer, durch die ich hindurchging ... Plötzlich sah ich, wie die Welt davonflog. Ich konnte sehen, wie das Sonnensystem davonflog. Dann sah ich Galaxien – und es ging immer weiter. Schließlich bekam ich das Gefühl, dass ich durch alles hindurchging, was je gewesen war. Ich sah alles – es war einfach ein überwältigender Anblick. (...) Als würde ich mich mit rasender Geschwindigkeit bewegen, aber ich glaube, in Wirklichkeit war es mein Bewusstsein, das sich ungeheuer schnell erweiterte.

Es geschah alles so schnell, aber es war auch so detailliert, dass ein weiteres Licht genau auf mich zukam. Als ich dieses Licht sah, war es (er macht eine Pause), als würde ich mich auflösen oder so. In diesem Augenblick verstand ich, dass ich zum Urknall kam. Das war das erste Licht überhaupt, und ich flog durch den Urknall. Das war es, was passierte (...) Plötzlich war ich in dieser Leere, und ich war mir aller Dinge bewusst, die jemals erschaffen worden waren. Es war, als ob ich aus Gottes Augen schaute."

Mit rasender Geschwindigkeit geht es in das warme Licht. Die Seele erlebt die Verschmelzung, eine Kraft und ein Wunder, was für die meisten verstandesmäßig schwer zu begreifen ist. Erst kürzlich gab der amerikanische Neurochirurg Dr. Eben Alexander – zuvor überzeugt, dass es sich beim sogenannten Leben nach dem Tod um Unsinn handeln müsse – bekannt, dass er selbst ein einschneidendes Erlebnis hatte, was ihn davon überzeugte, dass es den Himmel und ein Weiterleben nach dem Tod gibt. Der Forscher, der unter anderem in Harvard lehrte, fiel selbst einer ernsten Krankheit zum Opfer und lag sieben Tage im Koma. Sein Neokortex, so Alexander, also die Großhirnrinde, jener multisensorische und motorische Teil des Gehirns, der uns zu Menschen macht, war nicht mehr funktionsfähig. In diesem Zustand habe er eine Botschaft empfangen – aus einer Dimension mit großen wallenden Wolken und schimmernden Wesen. Dort habe er verstanden, dass er für immer geliebt und wertgeschätzt würde, dass alles miteinander verbunden ist und Einstein und Jesus dieselbe Sprache sprachen – auch wenn sie sich unterschiedlich ausdrückten. Der frühere Skeptiker Dr. Alexander hat darüber ein Buch geschrieben: „Proof of Heaven – Neurosurgeon's Journey into the Afterlife".

Ähnlich spektakulär waren die Berichte über die Gehirnoperation der Sängerin Pam Reynolds im Barrow Neurological Institute in Phoenix, Arizona. Während dieses Eingriffs war sie über eine Stunde klinisch tot. Trotzdem konnte sie nach dem Aufwachen von den Gesprächen berichten, die zwischen Chirurgen und Kardiologen stattgefunden hatten, von der Knochensäge und natürlich von einer gänzlich anderen schöneren Welt, in die sie Einblick gewinnen durfte.

Auch die School of Medicine der University of Southhampton hat schon 2001 berichtet, dass nach ihren Forschungen eindeutig festzustellen war, dass der menschliche Geist auch dann noch strukturell aktiv ist und das Gehirn denkt, wenn ein Mensch als klinisch tot gilt. Selbst klare Denkprozesse habe man feststellen können. Doch auch diese Menschen müssen an ein höheres Bewusstsein in diesen Momenten angekoppelt gewesen sein, denn sie beschrieben ihre Erfahrungen durchgehend als friedvoll und harmonisch, sie hätten mit verstorbenen Verwandten kommuniziert, ein helles Licht gesehen und wären auf einer anderen Ebene des Seins gewesen. Seit diesen ersten Erkenntnissen haben die Forscher mit mehr als 3.500 Menschen gesprochen, die ähnliche Erlebnisse zu erzählen hatten.

Der Tod ist also der Augenblick der Schöpfung, wo sich die Materie, die sich bei der Geburt aus Energie gebildet hat, wieder in Energie zurückwandelt. Bis vor wenigen Jahren noch wurde dies als unmöglich betrachtet. Wissenschaftlich weder beweis- noch untermauerbar. Vor kurzem jedoch hat der Heidelberger Physiker und Professor für Medizintechnik Markolf H. Niemz seine Forschungserkenntnisse über Nahtoderfahrungen veröffentlicht. Er hat diese mit geltenden physikalischen Gesetzen verglichen und ist zu dem Verständnis gekommen, dass die Seele physikalisch gesehen existent ist, dass die Ewigkeit zeit- und raumlos ist und dass die Seele bei Übergang in die Ewigkeit auf Lichtgeschwindigkeit beschleunigt und dadurch den Lichtraum der Ewigkeit erreicht. Das Ganze basiert sowohl auf der speziellen Relativitätstheorie von Einstein als auch auf der Theorie der Quantenphysik, die Einstein, da nur schwer mit seiner Relativitätstheorie vereinbar, gern zu verspotten pflegte mit den Worten „Gott würfelt nicht".

In seinem Buch „Lucy im Licht" beschreibt Niemz, wie sich dieser Tunnel, den auch Menschen mit Nahtod-Erfahrungen oftmals sehen, mit dem sogenannten „Search-light" Effekt erklären lässt – eine physikalische Gegebenheit, die Einstein bereits Ende der dreißiger Jahre als Scheinwerfer-Effekt beschrieben hat: Licht wird gebündelt und somit heller, wenn man mit großer Geschwindigkeit darauf zurast. Das Ganze kann man wunderschön beobachten, wenn man mit dem Auto in ein Schneegestöber fährt. Je schneller man fährt, umso heller wird der Schneelicht-Tunnel.

In seinem Buch stellt Professor Niemz das Axiom auf: „Mit dem körperlichen Tod wird unsere Seele (unser geistiges Ich, unser Bewusstsein) auf Lichtgeschwindigkeit beschleunigt, damit sie ins Jenseits übergehen kann“. Auf den danach folgenden zweihundert Seiten seines Buches beschreibt er seine Theorie durchaus schlüssig. Also auch wissenschaftlich gesehen passiert da etwas – im Raum des Todes.

Wenn man einmal den Tod erlebt hat, wie ich es getan habe,
dann weiß man im Innersten: es gibt gar keinen Tod.
Man geht immer nur weiter von einem zum nächsten –
wie man weitergeht von der Grundschule
zur Oberschule, zur Hochschule.

Raymond A. Moody

Die Nahtod-Erfahrung

Wer im Internet das Wort „Nahtod-Erlebnisse" googelt, trifft auf Zehntausende von Seiten, die in Audio, Video oder verbaler Form Erlebnisse derer erzählen, die dem Tod schon einmal etwas dichter ins Auge geschaut haben als ich. Auf eigene Nahtod-Erfahrungen kann ich nicht zurückblicken. Wohl kenne ich Menschen, die es erlebt haben und mir davon berichteten. Ich bin davon überzeugt, dass diese Geschichten aus Funk und Fernsehen hinlänglich bekannt sind, so dass ich mich in diesem Kapitel lediglich der „Theorie" ein wenig widmen will. Immer wieder gibt es Menschen, die darüber berichten, dass und wie sie kurzzeitig einmal in der anderen Welt gewesen und wieder zurückgekommen sind. Diese sogenannten Nahtod-Erfahrungen sind die einzigen Quellen, denen ein lückenhaftes Wissen über das Jenseits zu verdanken ist. „Nahtod-Erfahrungen (englisch: Near Death Experience) sind ein weiter Bereich individueller Erfahrungen mit charakteristischen Erfahrungsmustern am Rande des Todes" schreibt Wikipedia. „Vielen Nahtod-Erfahrungen sind bestimmte Erfahrungsmuster und Emotionen wie Frieden, Liebe und Glück, Blick in einen ‚Tunnel', Verlassen des eigenen Körpers, Begegnungen mit Toten oder übernatürlichen Wesen oder eine Rückschau auf das eigene Leben gemeinsam, die anschließend als Erinnerungen (d. h. immer auch: Interpretation) reflektiert werden."

Hauptsächlich die klassische Wissenschaft kann sich mit dem Thema nicht so recht anfreunden und sucht deshalb Erklärungen, die in ihrem Sinne „wissenschaftlich haltbar" sind. Da gibt es zunächst die

These, dass Nahtod-Erfahrungen nichts anderes sind als eine Folge von Hypoxie (zu viel Kohlendioxid) oder Hyperkapnie (zu wenig Sauerstoff). Dem ist entgegenzuhalten, dass – obwohl das Auftreten dieser Bedingungen bei gerade Verstorbenen nachgewiesen wurde – Wissenschaftler doch nicht imstande waren zu erklären, warum sich Nahtod-Erfahrungen nicht einstellen, wenn man wissenschaftlich – ohne beabsichtigte Todeseinleitung – einen Versuchskandidaten denselben Bedingungen aussetzt. Mitunter kommt es hier zu sogenannten Tunnelerfahrungen, allerdings gibt es keinen einzigen Fall, in dem auch andere Elemente auftauchen (Engel, Lichtwesen etc.), was bei Nahtod-Erfahrungen beinahe immer Bestandteil des Erlebnisses war. Nahtod-Erfahrungen bleiben sehr deutlich im Gedächtnis eines Menschen, werden in allen Einzelheiten wahrgenommen und können später im Wachzustand auch in allen Einzelheiten wiedergegeben werden. Fragwürdig ist die Annahme des Sauerstoffmangels auch deshalb, weil bei vielen, die an der „Schwelle des Todes“ gestanden hatten, sogar eine erhöhte Sauerstoffkonzentration nachgewiesen worden war.

Andere Wissenschaftler sind der Meinung, dass eine Ausschüttung von Hormonen für diese Erlebnisse verantwortlich ist. Das würde allerdings bedingen, dass der Körper sich in einer Extremsituation befinden muss, damit es überhaupt zu Hormonausschüttungen kommen kann. Die These steht als solche im Raum, ist aber bis zum heutigen Zeitpunkt keiner empirischen Untersuchung unterzogen worden.

Wieder andere haben probiert, bei Patienten – die komplett auf ihre Herzschrittmacher angewiesen waren – kurzzeitig einen Herzstillstand auszulösen, ohne dass der Patient Schaden erleidet. In dem Zustand lassen sich die auftretenden Reaktionen messen. Die Patienten erhielten massive Adrenalinschübe, aber über Erlebnisse mit Licht oder typische Nahtod-Erfahrungen konnten sie hinterher nicht aufwarten.

Noch mehr in die Bredouille geredet haben sich die Psychologen. Dass auch nicht-religiöse Menschen, die eigentlich nicht an ein Weiterleben nach dem Tod glauben, eine Nahtod-Erfahrung machen können, läge daran, dass sie im tiefsten Innern eben doch gläubig wären.

Oder aber das Gehirn entwickele in diesem Zustand Bilder, um etwaige Wissenslücken beim Wiederaufwachen füllen zu können. Kritiker dieser These behaupten zu Recht, dass sich das Gehirn des Menschen ja auch keine paranormalen Erfahrungen bastelt, wenn es einen Blackout aufgrund übermäßigen Alkoholgenusses hatte oder nach einer längeren Operation unter Narkose.

Die Psychologie versuchte sich aus dieser Zwickmühle zu befreien, indem sie angab, dass es im Zusammenhang mit dem Auftreten schizophrener Zustände nicht immer geeignet sei, wenn man den Körper als eine einer Seele untergeordnete Hülle betrachte. Das sei eine Abwertung des Leibes und könne zu psychosomatischen Problematiken führen. Um Letzterem zuvorzukommen, befasste sich die Psychologie dieser Denkrichtung erst gar nicht ernsthaft mit diesem Thema.

Alles in allem also ein Menge Thesen und Antithesen. Tatsache ist jedenfalls, dass Menschen, die ein Nahtod-Erlebnis hatten, sich von keinen wissenschaftlichen oder theologischen Erklärungen von ihrer eigenen Erfahrung abbringen lassen. Sie wissen, was sie gesehen und erfahren haben und ziehen daraus die für sie nötigen Schlüsse in Bezug auf ihr weiteres Leben.

Allerdings beschäftigen sich in den letzten Jahren zunehmend seriöse Wissenschaftler aus Medizin und Physik ebenfalls mit der Erforschung des Todes. Die Welt des reinen Glaubens, wie sie seit Jahrtausenden bestanden hat, und die Welt der Wissenschaft finden immer öfter Synergien.

Berichte von Menschen mit Nahtod-Erlebnissen ähneln sich häufig in ein paar wesentlichen Details. Immer wieder wird von wartenden verstorbenen Verwandten oder Freunden erzählt. Nie sind auf der dortigen Seite noch lebende Personen im Spiel. Immer sind es Verstorbene, die helfen, die Schwelle des Todes zu durchschreiten. Immer wieder ist von Licht und intensiven Gefühlen, von Liebe, Friede und Harmonie die Rede. Und sehr häufig wird auch über einen Lichttunnel berichtet, in den man tritt und gegen ein weißes Licht beschleunigt hindurchrauscht. Nahtod-Erfahrungen sind übrigens bei allen Menschen ähnlich, gleichgültig welcher Religion oder Kultur sie angehören.

Eine sehr schöne Beschreibung einer Nahtoderfahrung findet sich im Buch „Lucy im Licht" von Professor Niemz:

„... erzählt Peggy, was geschehen ist:

‚Ich erinnere mich, dass ich nicht wusste, wo ich war, während ich schwebte; aber es ging mir so gut, dass ich mir keine Gedanken machte. Das heißt so lange, bis ich über meiner linken Schulter ein kleines, helles Licht sah. Ich hatte nicht das Gefühl, mich durch einen Tunnel auf das Licht zuzubewegen, sondern ich schwebte ganz einfach heiter in der Schwärze, und das Licht kam auf mich zu. Es war rund und wurde sehr schnell immer größer, womöglich bewegte ich mich also doch durch einen Tunnel, aber ohne es zu bemerken. Wie jeder sagt, der dieses Licht gesehen hat – es sieht aus, wie das hellste blauweiße Licht, das man sich vorstellen kann, und das noch um das Zehntausendfache vervielfacht. Anfangs hatte ich ein wenig Angst, als es auf mich zukam (oder ich auf es), obwohl es mir nicht in den Augen wehtat, wie ich geglaubt hatte. Im Gegenteil, je länger ich es ansah, desto mehr faszinierte mich diese Friedfertigkeit. Das Licht war äußerst angenehm; es in mich aufzunehmen war schiere Freude ... Ich wusste auch sofort, dass das nicht einfach nur ein Licht war, sondern es lebte! Und ich wusste, dass dieses Lichtwesen Gott war und kein Geschlecht hatte. Außerdem hatte ich das Gefühl, dass das Licht sprach. Es kommunizierte so geistig hochstehend, dass mein Verstand nicht entschlüsseln konnte, was es sagte ... Es war die Energie der reinen Liebe. ... Es war, als ob alle materiellen Dinge lediglich Requisiten für sichere Seelen seien, sichere Körper mit eingeschlossen ... Ich hatte an diesem Ort, welcher Art er auch immer sein mag, nicht das begrenzte Bewusstsein, das man auf Erden hat. Du hast das Gefühl, als hättest du 125 Sinne und nicht nur fünf wie sonst. Du kannst ohne jede Anstrengung alles tun, denken, begreifen und ich weiß nicht, was sonst noch alles. Es ist, als hättest du die Fakten unmittelbar vor dir, ohne jedes Risiko einer Falschinterpretation, weil die Wahrheit einfach da ist! Nichts ist verborgen. Kommunikation geschieht, indem du Fragen und Antworten einfach denkst. Gut ausformulierte Gedanken kommen dir wie von selbst in den Sinn. Du weißt, sie rühren von einer

anderen Quelle her. Auch eigene Gedanken lassen sich auf diese Art und Weise projizieren. In diesem anderen Reich liegt alles ... einfach vor dir; und das Einzige, was du zu tun hast, ist, einfach nur an das zu denken, was du wissen willst, und schon hast du es. Der Geist steht an oberster Stelle. Was mich erstaunte, war meine Fähigkeit, gleichzeitig so viele Dinge zu denken, wie ich wollte. Ich weiß noch, wie verblüfft ich war, als ich merkte, dass ich viele Gedanken gleichzeitig hatte und alle problemlos verstand. Ich sah auch andere erstaunliche Wahrheiten, zum Beispiel als das Licht mir sagte, dass alles Liebe ist – wirklich alles! Ich hatte immer geglaubt, Liebe sei nur ein menschliches Gefühl, das man von Zeit zu Zeit spürt; nie hätte ich geglaubt, dass im wahrsten Sinne des Wortes alles Liebe ist! Ich sah, wie sehr alle Menschen geliebt werden. Und es war sonnenklar, dass das Licht jeden gleichermaßen liebte, ohne Einschränkungen ... Diese Liebe, die ich im Licht erfuhr, war so machtvoll, dass man sie nicht mit irdischer Liebe vergleichen kann, wenngleich diese eine abgeschwächte Version davon ist. Es war, als würde ich in Energieteilchen aus reiner Liebe gebadet.'"

Menschen, die über ein Nahtoderlebnis berichten können, haben sich dazu entschieden, weiter auf Erden zu wandeln und sind zurückgekommen. Übrigens sind sie alle davon überzeugt, dass es wunderschön war, dort, wo sie sich während dieser Zeit aufhielten. Und beinahe alle berichten darüber, dass sie die Angst vor den Schrecken des Todes verloren hätten. Wenden wir uns jetzt den Verstorbenen zu, die nicht in ihren Körper zurückkehren, aber auch noch nicht ins Licht gegangen sind. Sie sind aus den unterschiedlichsten Gründen in der zweiten Phase im Raum des Todes geblieben und auf der materiellen Welt für manche Menschen wahrnehmbar. Einige können sie sehen, andere fühlen oder hören. Menschen, die das Vermögen haben, körperlose Seelen wahrzunehmen, haben sehr unterschiedliche oder auch persönliche Zugänge zu diesen Wesen.

Die Wissenschaft hat festgestellt, dass nichts spurlos verschwinden kann. Die Natur kennt keine Vernichtung, sondern nur Verwandlung.

Alles, was Wissenschaft mich lehrte und noch lehrt,
stärkt meinen Glauben an ein Fortdauern
unserer geistigen Existenz über den Tod hinaus.

Wernher von Braun

Die zweite Phase im Raum des Todes

Hat die Seele die erste Phase im Raum des Todes passiert, ist sie entweder wieder auf der Erde und führt ihre bisherige Inkarnation fort – oder der Mensch bleibt tot und die Seele gleitet hinüber in die zweite Phase im Raum des Todes.

Wie schon kurz beschrieben, durchlebt die Seele hier als Erstes ihre eigenen Vorstellungen vom Jenseits. Das kann so unterschiedlich sein, wie es Menschen und Seelen gibt. Wer fest davon überzeugt war, dass nach dem Tod nichts ist, findet genau das jetzt vor: Nichts. Er steht orientierungslos und vermutlich etwas ängstlich im Nichts, genau wie ich es am Anfang über meine Rückführung beschrieb. Ich erzählte von einem unglaublich großen, schwarzen Raum. Einem quadratischen Nichts unendlichen Ausmaßes, wo in einer Ecke eine Gruppe ängstlicher Gestalten kauerte. Ich war in diesem Raum der persönlichen Glaubensvorstellung. Im Laufe der weiteren Rückführung stellte sich heraus, dass ich in einem vorigen Leben zu ihnen gehörte. Es war eine Gruppe, die davon überzeugt war, dass nach dem Tod das Große Nichts kommt. Genau das hatte ich gesehen. Sie waren im Großen Nichts gelandet. Glücklicherweise war ich in meinem Glauben flexibler – anders als die kauernden Gestalten – und konnte erkennen, dass diese Leere nicht das Ende ist. Ich bin weitergegangen ins Licht, wie meine Erinnerung an den Baum deutlich machte.

Wer also fest davon überzeugt ist, dass es eine Hölle gibt mit Teufelchen und Fegefeuer, und dann auch noch der Meinung ist, dass er sie aufgrund seiner Lebensführung verdient hat, der findet sich genau dort wieder. Er wird den Teufeln sozusagen in persona begegnen und die Qualen der Hölle erfahren.

Wer davon überzeugt ist, dass ihn nach seinem Tod eine friedliche Welt erwartet, wird in einer friedlichen Welt landen.

Wenn Kinder ein Nahtod-Erlebnis haben, berichten sie besonders fröhlich von der jenseitigen Welt. Sie beschreiben den Himmel als lustig mit fröhlichen Leuten und sind sich oft auch sicher, im Himmel gewesen zu sein, wo alles strahlte.

Also ist das hier in dieser Phase so eine Art verwirklichte Traumwelt? Was man sich auch vom Jenseits vorstellt, hier wird es für eine Zeit lang Wirklichkeit? Was ist mit Sex und Drugs und Rock 'n Roll? Diese gänzlich unspirituelle Frage wurde tatsächlich einmal ernsthaft diskutiert. Der Wannabe-Hippie war dann aber etwas enttäuscht zu hören, dass diese zweite Phase im Raum des Todes nicht dazu da ist, seine weltlichen Traumvorstellungen in ideale Lebenswelten zu transformieren. Vielmehr manifestiert sich für die Seele hier der Glaube, den sie tief in sich trägt. Das sind also die wahren Gefühle und Gedanken, die im weltlichen Leben mit Sex, Drugs und Rock 'n Roll übertüncht werden. Es ist das Tiefgründige des wirklichen Glaubens, was in diesem Raum erlebt wird – nicht das vordergründige egoistische Wollen.

Wie lange diese Phase des persönlichen Glaubens dauert, ist individuell unterschiedlich. Wer davon überzeugt ist, dass dies seine Endbestimmung ist, bleibt unter Umständen recht lange dort hängen. Wer tief in seinem Innern weiß, dass auch dies noch nicht das Ende sein kann und dass da immer noch das ewige Leben im Licht folgen muss, braucht vielleicht nur Sekunden. Alles und jegliche Zeitspanne ist möglich – auch wenn Zeit da bereits anders empfunden wird. Wie lange die Seele auch in dieser Phase bleibt, es werden immer wieder Lichtwesen erscheinen, die die neu angekommene Seele auffordern, ihnen ins Licht zu folgen. Oft werden sie von anderen verstorbenen Verwandten, Freunden und Familienmitgliedern empfangen, die sie in den Lichtraum der Ewigkeit geleiten wollen. Aber auch hier gilt: zwingen können die Verwandten und Lichtwesen niemanden. Der freie Wille der Seele ist unantastbar – im Leben wie im Tod. So ist es ist auch der Fall, dass die Seele diese Helfer einfach nicht sieht oder als solche wahrnimmt, weil sie nicht daran glaubt. Denn die Seele „erinnert“ sich erst an das absolute Bewusstsein, wenn sie wieder im Lichtraum der Ewigkeit ankommt, beziehungsweise auf dem Weg dahin im Lichttunnel kommt diese Erkenntnis zurück.

Deshalb kommt es in wirklich seltenen Fällen vor, dass Seelen in dieser zweiten Phase im Raum des Todes sozusagen hängenbleiben und das letzte Stück des Weges durch den Lichttunnel nicht gehen. Warum? Ein sehr häufiger Grund ist – so unwahrscheinlich es klingt – dass die Seele nicht gemerkt hat, dass sie schon tot ist. Viele waren bereits zu Lebzeiten durch Krankheiten wie Alzheimer oder Altersdemenz etwas verwirrt und sind es im Raum des Todes noch immer. Auch Menschen, die dem Leben nicht bewusst gegenüberstehen, nicht reflektieren und in dem Sinne das Bewusstsein nicht haben, freuen sich vielleicht über das Licht, das sie sehen, sind sich aber nicht darüber im Klaren, dass sie gestorben sind oder eine große Veränderung mit ihnen vorgeht. Sie merken gar nicht, dass etwas anders ist, sondern machen einfach weiter mit dem, was sie immer gemacht haben. Die irdische Welt ist für sie der einzige Anhaltspunkt.

Sind Seelen aus irgendeinem Grunde so verhaftet, sozusagen an einem Ort hängengeblieben, kann das durchaus auch Auswirkungen auf die Menschen haben, die an diesem Ort später leben wollen. Und das muss nicht immer angenehm sein. Zu so einem Fall wurde Renate Fecher geholt. Sie erzählt:

„Viele Kinder glauben an Hexen. Schließlich lernen sie das ja schon mit Hänsel und Gretel und dann geht es weiter über Bibi Blocksberg und über etliche amerikanische Fernseh-Serien, bis wir uns vergnüglich als Erwachsene anschauen, wie die Hexen von Eastwick den armen Jack Nicholson in die Enge treiben. Musste ein kleines, fernseherfahrenes Mädchen der heutigen Zeit Angst vor Hexen haben? Eigentlich nicht. Trotzdem gab es da eins ...

Eines eisigen Wintertages rief mich eine Frau zur Hilfe, die sich im neugekauften Haus nicht wohlfühlte. Dort angekommen kamen recht ungewohnte Geschichten zu Tage. So hörte ich als eine der ersten Erzählungen, dass einer der Vormieter das gesamte, neu renovierte Ba-

dezimmer mit einem Hammer in Trümmer gelegt hatte. Warum? Schulterzucken. Zudem war die Scheidungsrate zwischen den Hausbewohnern extrem hoch. Die meisten, die hier eingezogen waren, waren nicht lange geblieben und oftmals hatten sich die Paare getrennt, noch während sie hier lebten.

Besonders das kleine 5-jährige Mädchen der jetzigen Bewohner war nach dem Einzug ins Haus betroffen. Schon als ich das Haus betrat, klammerte es sich ängstlich an die Mutter. Inzwischen war es so weit, dass sie nicht mehr alleine ins Badezimmer ging, obwohl sie vor dem Umzug hierher niemals solche Probleme hatte, erzählte mir diese. In der alten Wohnung wäre sie ein aufgeweckter, selbstständiger Racker gewesen. Erst jetzt wäre das alles anders. Im Badezimmer fand es die Kleine am schlimmsten. Hexen gäbe es da, die zum Fenster hereinguckten und dem Kind kalte Schauer über den Rücken jagten.

Langsam ging ich durchs Haus und nahm die Atmosphäre der einzelnen Örtlichkeiten auf. Und in der Tat – im Badezimmer war etwas. Plötzlich war da eine Enge, die für mich als Erwachsene schon unangenehm war. Um wieviel mehr musste dies dann auf ein Kind wirken. Ich öffnete das Fenster und schaute nach draußen auf die Veranda. Stimmt, da war es auch. Im Prinzip kam es sogar von dort herein. Im Garten und auf der Veranda draußen verstärkte sich das Gefühl noch einmal. Also – dann. Ich ging hinaus, setzte mich in den Gartenstuhl und bat meine Beschützer und Begleiter aus der Geistigen Welt zu mir. Schon während ich rief, konnte ich fühlen, wie sich das Licht um mich herum sammelte und mich selbst wie in einem Glaskasten aus Licht einschloss.

Dann ging ich eingehüllt in meinen Lichtmantel um das ganze Haus herum. Ich musste erst die richtige Stelle für die Lichtsäule finden. – Da war sie. Hier war das Gefühl wieder, noch stärker als vorher. Hier musste der eigentliche Ursprung sein und genau hierhin manifestierte ich jetzt die Säule. Anschließend öffnete ich ganz langsam meine innere Tür und bat die »Hexen«, die das Mädchen gesehen hatte, sich zu zeigen.

Und es dauerte auch gar nicht lange, da erschienen sie schon. Es waren stolze Priesterinnen der Erdgöttin. Und sie hatten auch noch ein paar ihrer Dienerinnen dabei. Es dauerte auch nicht lange, bis ich die ganze Geschichte erfühlt und erfragt hatte. Zumindest einmal den Teil, den ich wissen musste, um tätig werden zu können.

Hier, an dieser Stelle, wo jetzt Garten und ein Teil des Hauses waren, gab es vor langer Zeit – noch in der alten vorchristlichen Zeit – einen Kraftplatz der Erde, der der Erdgöttin geweiht gewesen war. Im Leben waren diese Priesterinnen dafür verantwortlich gewesen, den Kraftplatz zu betreuen und zu bewahren. Die Christen hatten die Dienerinnen der Göttin vertrieben und den Platz vernichtet. Aber nach ihrem Tode waren sie hierher zurückgekehrt, um ihre Arbeit wieder aufzunehmen und den Kraftplatz zu beschützen, zu beten und Opfergaben darzubringen.

Die kommenden fast tausend Jahre störte sie niemand hier und sie gingen ihrer Arbeit in Frieden und Harmonie mit Mutter Erde und der Erdgöttin nach. Außer, dass sie schon tot waren, aber davon ließen sie sich nicht beeindrucken. Als das Haus in den sechziger Jahren des letzten Jahrhunderts gebaut wurde, schauten sie noch neugierig zu. Als dann dreißig Jahre später der Anbau hinzugefügt wurde, waren sie nervös geworden. Das zu groß gewordene Haus kam dem Kraftplatz zu nahe und drohte, den dortigen Energiefluss zu gefährden. Sie konnten ihre Aufgabe nicht mehr ausreichend erfüllen und wurden massiv von den hier lebenden Menschen gestört. Das ängstigte sie im selben Maße wie es sie störte und aus der Harmonie ihres Werkes riss.

Diese Disharmonie übertrug sich alsbald auf die Einwohner des Hauses. Deshalb gab es die vielen Streitereien und die ständigen Besitzerwechsel. Erst das kleine Mädchen konnte die Priesterinnen sehen, aber nicht begreifen, was es mit ihnen auf sich hatte.

Im Namen der großen Göttin bat ich die Priesterinnen und ihre Dienerinnen nun zu gehen. Sie hätten ihre Aufgabe wunderbar erfüllt, und die Göttin würde ihnen danken und sie bitten, nunmehr zu ihr hinaufzukommen. Dazu zeigte ich ihnen die Lichtsäule. Ob ich nun im Auftrag der großen Göttin sprach oder des großen Einen – das war unwichtig.

Die Eingebung, wie und was ich zu sagen hatte, erhielt ich wie so oft direkt aus dem Universum. Ich wusste es plötzlich einfach. In anderen Fällen musste ich erst bei meinen eigenen Begleitern nachfragen. Im Prinzip richtet es sich immer danach, welche Gegebenheiten die Seelen am besten verstehen, denn sie sind ja noch ganz in einer Denkweise verfangen, die der Umwelt zum Zeitpunkt ihres Todes entsprach. In diesem Falle war mein Auftritt als Abgesandte der Großen Göttin offensichtlich goldrichtig. Irgendwie machten die Priesterinnen den Eindruck, als wären sie sogar ganz froh von ihrer Arbeit abberufen worden zu sein, und es waren gar keine langen Überredungskünste nötig. Ruhig gingen sie nacheinander in die Säule und begaben sich ins Licht.

Allerdings musste ich mich jetzt auch noch um den Kraftplatz kümmern, denn die Bewohner des Hauses mussten verstehen, wo sie lebten, wenn sie mit den damit verbundenen Energien leben wollten.

‚Kraftplatz?', fragte die Frau des Hauses langgezogen. Sie konnte sich nichts darunter vorstellen.

‚Unser gesamtes Universum wird von enormen Kräften aufrechterhalten, um genau so zu funktionieren, wie es das nun eben einmal tut. Die Physiker haben alle möglichen Namen dafür gefunden. Gravität, Zentrifugalkraft, schwarze Löcher, Schwerkraft, und viele andere mehr. Kräfte und Energien stecken aber auch in den sogenannten vier Elementen. Allerdings nehmen wir das meistens nur zur Kenntnis, wenn diese sich gerade mal zu Wort melden bei Naturphänomenen

wie Blitzen, Donner, Vulkanausbrüchen, Überschwemmungen, Erdbeben, Springfluten, Tornados, Erdrutschen und so weiter. Außer, dass diese Phänomene in irgendeiner Form physikalisch erfassbar sind, haben sie aber auch eine energetische Seite. Wir können diese Kräfte auch fühlen, wie zum Beispiel, wenn wir am Meer stehen oder auf einem Berggipfel', sagte ich ihr.

‚Ja, stimmt', überlegte die Frau. ‚Das ist wahr. Das habe ich bei unserem letzten Urlaub auch so ähnlich gefühlt. Und das ist ein Kraftplatz?'

‚Kann sein. Muss aber nicht. Manchmal kann es auch ein individueller Kraftplatz eines Menschen sein, der genau an diesem Ort die für ihn notwendige Resonanz findet', fuhr ich fort. ‚Davon unabhängig gibt es auch noch allgemeine Kraftplätze, die sich aus dem Energienetz ergeben, das die ganze Erde überzieht. Und an bestimmten Punkten, wo die Energielinien aufeinander treffen, entfalten sich ganz besondere Energien. Das können dann Punkte sein, an denen bestimmte Kräfte austreten, um für die Lebewesen zugänglich zu sein. Oder umgekehrt auch Punkte, wo universelle Energien eintreten, die die Erde braucht, um sich selbst damit zu versorgen. So soll zum Beispiel am Südpol ein Punkt sein, an dem ständig Energie aus dem Kosmos in die Erde fließt. Andere Kraftplätze sind zu finden, wenn sich Wasseradern kreuzen. Diese Plätze waren bei den alten Kulturen bekannt und zumeist fanden sich ihre Tempel und Kultstätten eben genau da. Die Pyramiden, die Stufenbauten in Mexico, die Klöster in Tibet. In unserer Kultur waren die Kelten sich bewusst über diese Kräfte und schützten sie als heilige Plätze. Um aber die Energie frei fließen lassen zu können und für jeden frei zugänglich zu lassen, stellten sie keine Gebäude darauf, sondern errichteten Naturdenkmäler in Form heiliger Haine und ähnlichem. Durch die Christianisierung wurden diese Plätze und heiligen Eichen zerstört, aber auf die meisten wurden Kirchen gebaut, um diese Kräfte für die eigene Macht zu nutzen. Denn nun mussten die

Menschen in die Kirche gehen, um sich mit dieser Energie zu verbinden. Viele Plätze sind aus dem Bewusstsein der Menschen verschwunden und zugebaut worden, so wie eben dieser hier auch, wo Sie leben. Und dann ergeben sich mitunter Probleme damit, dass die Menschen, die auf solchen Plätzen ihre Häuser haben, mit den Energien nicht leben können. Tiere zum Beispiel meiden solche Plätze. Sie würden sich nie auf Kraftplätzen dauerhaft niederlassen, da der Körper an solchen Orten während des Schlafes keine Ruhe findet.

Ihre Geschichte zeigt mal wieder recht deutlich, wie wichtig diese Kraftplätze für den Fortbestand der Erde und damit auch der Menschheit sind. Ohne diese Kraftplätze kann die Erde nicht atmen, keine Energie erhalten, nicht leben. Was wir ihr antun, indem wir alles rücksichtslos zubauen in schönster Ignoranz jahrtausendealten Wissens, können wir am Zustand von Mutter Erde heute deutlich sehen. Nicht umsonst haben unsere Vorfahren ihre Kultstätten gerade an solche Kraftplätze gebaut. Sie wussten um die Bedeutung und auch um die Bedeutung, diese Plätze zu ehren und zu schützen.

‚Und was wollen Sie jetzt mit dem Kraftplatz machen, ich meine, mit dem hier bei uns?‘, fragte die Frau.

‚Nicht ich‘, antwortete ich, ‚sondern Sie. Wenn Sie hier glücklich und ungestört leben wollen, dann sind Sie jetzt dafür verantwortlich, denn Sie haben sich diesen Platz zum Leben ausgesucht.‘

Und ich schlug ihr vor, was sie in Zukunft machen könnte. Sobald der Garten angelegt war, sollten die vier Elemente immer dargestellt werden: ein Springbrunnen für das Wasser, Windmühlen für Erde und Luft und zu Ehren des Feuers sollte man ab und zu mal grillen. Außerdem sollten sie alle paar Wochen eine kleine Schale mit Obst oder Süßigkeiten in den Garten stellen als Dank für Mutter Erde und die Nahrung, die sie uns schenkt. Auch Winter- und Sommersonnenwende sollten hier wieder gefeiert werden, so wie es immer gewesen war, seit sich vor mehr als 4000 Jahren oder vielleicht sogar schon viel früher die ersten Menschen hier angesiedelt hatten. Zusätzlich bat ich die Geistige Welt darum, diesem Platz Energie direkt zuzuführen. Auf diese Art und Weise wird der Platz geehrt und die Einwohner des Hauses können wieder in Ruhe und Frieden leben.

‚Aber wieso haben wir dann niemals etwas von diesem Kraftplatz gemerkt?', fragte die Frau. ‚Oder muss man dazu medial veranlagt sein?'

‚Muss man nicht unbedingt. Medial veranlagte Menschen spüren es schneller. Oftmals sogar ungewollt. Und kleine Kinder, so wie ihre Tochter, sind oft noch dazu in der Lage, weil ihre Verbindung zur spirituellen Welt noch viel stärker ist als bei uns Erwachsenen. Aber man kann es auch lernen. Wenn Sie wollen, rufen Sie mich an, und ich gebe Ihnen ein paar Bücher und Adressen.'"

Auch wenn ein Mensch bei einem Unfall oder anderweitig plötzlich stirbt, merkt die Seele es unter manchen Umständen nicht. Sie kann gar nicht verstehen, dass andere sie jetzt einfach nicht mehr sehen oder hören können. Sie schaut sich selbst zu und wundert sich, nimmt mitunter sogar an der Beerdigung teil und fragt sich, wer dort wohl zu Grabe getragen wird. Dann erst dämmert ihr, dass sie auf der Erde schon Vergangenheit ist. Viele Seelen erkennen dann das bereitstehende Empfangskomitee oder nehmen den Lichttunnel von sich aus in Anspruch. Andere sind zu verwirrt, um es einordnen zu können und bleiben einfach da, wo sie sich zu Hause fühlen, zum Beispiel in ihrer letzten Wohnung. Wieder andere sehen ihre Aufgabe als nicht erfüllt an und gehen aus diesem Grunde nicht; oder sie haben kein Vertrauen in das, was kommen könnte und bleiben lieber bei dem, was sie kennen.

Renate Fecher hatte während ihrer Arbeit einen Fall mit einer längst verblichenen Gärtnerin und berichtet:

„Ein junges Mädchen war voller Enthusiasmus mit ihrem jungen Freund zusammen in eine Wohnung gezogen und fühlte sich zusehends unwohler in selbiger. Im ersten Moment gab sie ihrem Lebensgefährten die Schuld für das stressige Miteinander. Es sah so aus, als

hätte er sich innerhalb kürzester Zeit in einen exzellenten Stubenhocker verwandelt. Das war an sich schon dumm genug, aber er schien auch immer depressiver zu werden. Die letzte Zeit saß er nur noch im Zimmer herum und starrte vor sich hin.

Zudem wäre auch mit ihrem Bett etwas nicht in Ordnung. Eigentlich hatte sie das vom Vormieter übernommene Himmelbett so richtig prinzessinnenhaft gefunden. Aber inzwischen benutze sie die Vorhänge nicht mehr nur zur Dekoration, sondern hänge das Bett rundherum damit zu. Anders könne man darin nicht schlafen und es im Schlafzimmer nicht aushalten.

Ein ungewöhnliches Haus. Das sah und fühlte ich auf den ersten Blick. Zwar schon passend zum Kleinstadtbild mit seinem Garten und dem großen Ahornbaum, aber irgendwie trotzdem merkwürdig. Stellenweise schien alles zu grünen und zu blühen, und dicht daneben standen Pflanzen kurz vor dem Siechtum. Streifen von sattem gesundem Grün wurden schnurstracks durchzogen von verdorrten gelben Büschen und abgestorbenen Rasenstreifen. Gerade so, als hätte jemand streifenweise nach unerklärlichem Muster gearbeitet. Ein offensichtlich frisch angelegter Teich plätscherte mühevoll und träge über seine schwarze Teichfolie. Die Pflanzen rundum hatten schon aufgegeben und das Wasser wollte allem Anschein nach nichts lieber als es auch tun, wurde aber von einer Pumpe daran gehindert. Ein ausgesprochen seltsamer Garten mit einer mindestens genauso seltsamen Atmosphäre. Wer hatte wohl einen solchen Garten?

Bevor ich mich irgendetwas anderem zuwandte, ging ich in diesen Garten. Ich machte es mir auf einem der Gartenstühle bequem, die leicht angerostet dem Zahn der Zeit bis jetzt getrotzt hatten. Ich fröstelte, obwohl es Hochsommer war und die Sonnenstrahlen sich breit durch die zwei Kumuluswolken hindurchstahlen. Die junge Frau stand nicht weit von mir und hampelte ungemütlich von einem Bein aufs andere. Ich fragte sie, was los sei.

‚Mein Freund', meinte die junge Hauseigentümerin, ‚also er glaubt ja nicht an so was. Aber trotzdem, er meinte, er hätte hier im Garten jemanden mit weitem durchsichtigem flatterndem Kleid gesehen. Kann ja auch jemand aus der Nachbarschaft gewesen sein. Wie gesagt. Er glaubt nicht an Gespenster.'

Ich schaute mich um. Ja, ich konnte sie fühlten. Warum zeigte sie sich nicht? Ich entschied mich, nach der Dame des Gartens zu suchen und stellte mich mental auf sie ein. Und – da war sie. Am Rande des Gartens, unter einem großen Busch. Aufgeregt kam sie auf mich zu. Die Empörung selbst in persona. Eine pompös gekleidete Dame, die sicherlich in ihrer Zeit einiges zu sagen gehabt hatte. Gut situiert muss sie gewesen sein und noch recht jung. Mit Vehemenz gab sie zu verstehen, dass ihr das überhaupt nicht gefiele, wie hier mit ihrem Garten umgegangen worden war. Das Herrenhaus hätte man schon vor längerer Zeit entfernt. Aber den Park ließe sie sich nicht auch noch wegnehmen, auch wenn man schon etliches hineingebaut hatte, was ihrer Meinung nach ebenso hässlich wie unnötig gewesen war. Sie war geschockt von den Zäunen und Hütten. Das passte und gehörte nicht in ihren Park. Über so etwas wie ein ‚Basta!' hätte ich mich an dieser Stelle keineswegs gewundert, aber das zählte noch nicht zum Sprachschatz ihrer Epoche.

Seelen, die den Weg nicht ins Licht gefunden haben, haben keinen Zeitbegriff. Ihrem Aussehen nach zu urteilen, musste die Frau schon vor mehreren Jahrhunderten hier gelebt haben, als sich an dieser Stelle kein Wohn-, sondern ein Herrenhaus mit Park befunden hatte. Die Miene der Dame des Gartens verfinsterte sich. Sie hätte keinesfalls befohlen, erklärte sie, dass hier Büsche zu pflanzen wären und wies entrüstet auf einen vertrockneten Teil der Grünanlagen. Jetzt war mir klar, was hier passiert war. Diese Dame war es, die hier nichts wachsen ließ, in der schönsten Überzeugung, dass es sich immer noch um ihre Angelegenheit handelte, sich um den Garten zu kümmern.

Das Haus hatte sie sich wegnehmen lassen, aber den Garten verteidigte sie gründlich. Natürlich ignorierte sie die Tatsache, dass sie schon lange tot war. Sie war viel zu beschäftigt damit gewesen, ihren Garten in Ordnung zu halten.

Nachdem ich mich von den Umständen soweit überzeugt hatte, stellte ich zuerst eine Lichtsäule. Und dann setzte ich mich auf den Gartenstuhl, um in Ruhe mit der Verblichenen zu sprechen. Sie war von meinen Ausführungen nicht zu überzeugen. Ich versuchte, ihr deutlich zu machen, dass sie schon längst ins Licht hätte gehen sollen, dass sie nicht mehr zu den Lebenden gehörte. Sie beharrte darauf, dass es ihr Garten sei und sie die Einzige, die sich richtig darum kümmerte.

Mitunter sind diese Gespräche richtige Diskussionen. Und so auch hier. Ich führte an, was mir so einfiel. Sie könnte ja wieder hier inkarnieren, als Mensch, und hätte dann auch die Möglichkeit, mit Spaten und Blumen zu hantieren, was ihr in ihrem jetzigen Zustand ja verwehrt wäre. Sie schaute mich zweifelnd an. Anscheinend schien das ‚Anfassen-Können' doch etwas in ihr zu berühren. Aber überreden ließ sie sich nicht. Ich bat sie, doch wenigstens einmal kurz in die Lichtsäule zu sehen, in der Hoffnung, dass dort vielleicht ihre Verwandten und Bekannten aus dem Jenseits auf sie warteten und sie abholen würden. Sie schüttelte den Kopf. Sie glaube nicht daran, versicherte sie mir.

Schließlich nahm ich Kontakt auf mit meinem Begleitern und geistigen Helfern aus der unsichtbaren Welt. Vielleicht hatten diese noch eine Idee, was ich machen könnte. Ich stehe recht regelmäßig mit ihnen in Verbindung und frage dort nach, wenn ich Hilfe brauche. Und ich erhalte sie auch immer. Mitunter, so wie in diesem Fall, sind sie sogar recht pragmatisch, meine Jungs – wie ich sie nenne. Ich solle ihr doch einen Garten im Himmel versprechen, schlugen sie vor.

Und genau das probierte ich dann zu tun. Ich beschrieb ihr die Welt des Lichts, so gut ich es eben verstehe. Ich beschrieb ihr, dass sie dort angekommen, wenn sie es wollte, im Lichtraum der Ewigkeit mit ihrer eigenen Schöpfer- und Vorstellungskraft einen Garten schaffen und errichten könnte, der ganz ihren Vorstellungen entsprach – genauso auf energetischem Wege, also eigentlich ähnlich, wie sie jetzt verhinderte, dass sich der Garten im Irdischen wirklich entfalten konnte. Zunächst war sie noch recht misstrauisch. Hier hätte sie ihren Garten, meinte sie. Auch wenn er nicht mehr so ganz ihren Wünschen entsprach. Es folgte noch eine längere Diskussion, bis ich sie endlich davon überzeugen konnte, ins Licht zu gehen.

Ich bin mir sicher, dass sie dort von ihrer Seelenfamilie in Empfang genommen und liebevoll betreut wurde."

Zumeist sind es ganz menschliche Gefühle, die eine Seele dazu veranlassen, diesen Bereich nicht zu verlassen: Wut, Hass, Reue, Rache, Geiz und das Festhalten an den weltlichen Gütern. Es gibt auch Fälle, wo eine Seele aus Liebe noch bleibt oder weil ein naher Angehöriger so sehr trauert, das sie sich außerstande fühlt weiterzugehen.

Renate Fecher erzählte eine Geschichte, die sie während einer Studienreise in Arizona erlebte:

„Ich hatte mich verfahren. Die Frau, die ich nach dem Weg fragte, bat mich in ihr Haus und wir verstanden uns so gut, dass ich einige Tage dort verbrachte. In dieser Zeit kam eine Freundin der Gastgeberin zu Besuch, und wir gerieten in ein Gespräch. Die Frau erzählte von ihrem Leben und ihrem verstorbenen Mann, unter dessen Verlust sie sehr litt. Als sie hörte, dass ich Kontakt zu Verstorbenen aufnehmen kann, bat sie mich um Hilfe:

Sie wollte unbedingt mit ihrem schon vor Jahren verstorbenen Mann Verbindung aufgenommen haben. Sie vermisste ihn sehr, sprach eigentlich den ganzen Tag entweder über oder mit ihm, und ihr ganzes Leben war ausschließlich auf den Toten ausgerichtet. Sie traf keine Entscheidung, ohne sich vorher mit ihm besprochen zu haben. Natürlich tat sie das auf ihre Art. Sie sprach und redete und ver-

meinte von ihm eine Antwort zu erhalten. Und natürlich war sie nicht darin erfahren, Kontakt mit Verstorbenen aufzunehmen. Deshalb ergriff sie auch nur zu gern die Gelegenheit, mich darum zu bitten. Recht schnell hatte ich Kontakt mit ihm – und landete in einem dunklen, düsteren Gefühl des Chaos. Die Seele des Mannes war zutiefst unglücklich. Mit Bedauern und unglaublicher Resignation erzählte er, wie sehr er sich wünschte, dass seine Frau ihn jetzt endlich gehen lassen würde. Natürlich hätte er ihr seinerzeit als Lebender versprochen, immer bei ihr zu blieben. Aber doch nicht so. Sie würde ihn jetzt so dicht am Leben festhalten, dass er nicht gehen könne, um seinen Seelenweg fortzusetzen. Sie rufe ihn mindestens drei Mal pro Tag und auch ansonsten plappere sie die ganze Zeit mit ihm. Er war ausgelaugt, hilflos und wusste nicht, wie er sich von ihr trennen konnte. Irgendwie sauge seine Frau so langsam alle lichten Energien aus ihm heraus und nur noch die Dunkelheit und das düstere Chaos blieben zurück. Doch davon wollte die alte Dame nichts hören. Sie erklärte kategorisch: Nein. Sie wolle, dass er bliebe. Sie brauche ihn. Sie war keinen Argumenten zugänglich. Und damit hatte er im Raum des Todes keine Möglichkeiten mehr."

Und auch Renate konnte nicht weiter helfen. Selbst wenn sie ihm eine Lichtsäule gestellt hätte, um ihm den Weg ins Licht zu zeigen, wäre er nicht gegangen, ohne dass seine Frau ihn freigab. So sehr waren die beiden miteinander verstrickt, dass auch sein freier Wille nicht dazu ausreichte, sich zu trennen. Seine Liebe zu seiner Frau hielt ihn fest, auch wenn er selbst litt.

Es ist ein ganz wichtiges Prinzip in der Seelenbegleitung: Man kann einer Seele wohl eine Lichtsäule bauen, aber hineingehen muss sie selbst. Die letzte Entscheidung, wann und ob die Seele wirklich gehen will, liegt immer bei der Seele selbst.

Mitunter ist etwas noch unerledigt geblieben. Oder die gerade Verstorbenen fühlen sich schuldig. Manche haben so ein hartes Leben gehabt, dass sie nicht mehr an die Liebe glauben, die sie auf der anderen Seite erwartet und aus lauter Resignation wollen sie nicht weitergehen. Es gibt so viele unterschiedliche Gründe wie Seelen, die noch nicht ins Licht gegangen sind.

Bleiben viele Seelen erdgebunden? Naja, bei der Menge Menschen, die seit Anbeginn der Zeiten auf der Erde inkarniert sind, ist es erstaunlich, dass es nicht mehr sind. Mitunter trifft man auf Plätzen, wo früher Schlachten stattgefunden haben, noch regelrecht ganze Regimenter an. Besonders sensitive und mediale Menschen können sie wahrnehmen. Aber auch Tiere, so wie der berühmte Haus- und Hofhund, wenn er mal wieder wütend irgendein Nichts anbellt und partout nicht davon ablassen will. Es ist, als könnten diese Seelen es aus eigener Kraft nicht schaffen, ins Licht zu gehen. Manche verzweifeln und lassen sich hängen, andere werden wütend und versuchen, mit allen Mitteln der Kunst auf sich aufmerksam zu machen. Letztere können als Poltergeister wahrgenommen werden.

So eine Erfahrung machte auch Renate Fecher selbst nach ihrem Einzug in ein neues Haus. Dass sie mit ihrer Familie nicht die einzigen Bewohner waren, stellte sie kurz nach Einzug fest. Die Vermieterin bestätigte es auf Nachfrage. „Oh, ist der immer noch da?“ Sie vermutete, dass es ihr Vater war und dieser seinen Unmut darüber kundtat, dass alles nicht mehr so lief, wie er es wollte. Die Tatsache, dass nun fremde Menschen in „seinem“ Haus lebten, ließ ihn etwas zurückhaltender sein. Bei seiner Tochter seinerzeit habe er die Stereoanlage nach Belieben ein- und ausgeschaltet – und das in einer Lautstärke, dass es sogar einem heranwachsenden Teenager zu laut war. Zu seinen Besonderheiten gehörte auch das rhythmische Klopfen an den Heizungsrohren und dergleichen mehr. Er hatte ihnen das Wohnen in „seinem“ Haus ganz schön schwer gemacht. Bei den neuen Mietern ging es etwas besser. Er war wenigstens ruhig und randalierte nicht. Aber er spielte Hase und Igel mit ihnen. Wo immer sie hingingen, Papi war schon da. Saßen sie abends im Wohnzimmer zum Fernsehen, schaute er durch die Tür mit Glaseinsatz ebenfalls zu. Man konnte seine Umrisse sogar durch die Glastür sehen. Einmal war er so prä-

sent, dass die zwölfjährige Tochter aus ihrem Zimmer heruntergerannt kam und japsend erzählte, dass da einer in ihrem Zimmer im Sessel säße. Natürlich ist es schwer, sich an so eine Wesenheit im Haus zu gewöhnen. Sie hofften, dass es nachlassen würde, wenn sie eine Weile da wohnten und der Hausgeist sah, dass sie pfleglich mit allem umgingen. Doch nach etwa einem Jahr wurde es der neuen Hausherrin zu viel. Sie stand eines Tages in der Küche und spürte überdeutlich die geistige Anwesenheit im Rücken. Plötzlich platzte ihr der Kragen. Sie gab ihm deutlich zu verstehen, dass er nun ja lange genug gesehen habe, dass sie achtsam mit dem Haus umgingen. Entweder er würde sich jetzt verziehen und sie in Ruhe lassen, oder sie würden ausziehen. Und wer oder was nach ihnen sich käme, das wüsste keiner ... Er hat die Botschaft verstanden. Danach war Ruhe. Wahrscheinlich ist er sogar im Haus geblieben, hat aber niemanden mehr belästigt.

Hilfreiche Seelen können mitunter sogar recht reale Hinweise geben, wie es bei Jenny P. der Fall gewesen ist, die schon in sehr jungen Jahren Witwe geworden war. Ihr Mann war noch jung an Leukämie verstorben, als die beiden Töchter noch sehr klein gewesen waren. Sie selbst hat sich nie wieder mit einem Mann eingelassen und ihre beiden Kinder allein großgezogen.

„Peter ist doch immer um mich", erzählte sie. „Und sicher, wenn ich ihn brauche. Weißt Du, kurz, nachdem er verstorben war, ist die Kleine krank geworden. Fieber, dachte ich. Schnupfen. So das übliche. Also Zäpfchen und ab ins Bett. Mitten in der Nacht kam Peter dann im Traum zu mir. Ich solle sofort aufstehen und das Kind zum Arzt bringen. Er sagte es mir so oft, bis ich davon aufwachte. Ich war durch den Traum so beunruhigt, dass ich die Kleine schnappte und mit ihr ins Krankenhaus fuhr. Und tatsächlich: Sie hatte sich einen Virus eingefangen, der nicht ohne war. Die Ärzte waren sich einig, dass die Kleine nicht überlebt hätte, wäre sie nicht sofort in die Klinik gebracht worden. Sie verdankt ihr Leben also ihrem Vater. Zweimal sozusagen."

Auch bei anderen Kleinigkeiten half Peter seiner Jenny aus. So erzählte er ihr einmal im Traum, wo sie das vermisste Portemonnaie hingelegt hatte.

Alles Zufall? Wohl eher nicht. Zwischen diesen beiden war ein so enges Band entstanden, dass Peter in der Tat wohl immer zurückkam, um Jenny eben aus der Patsche zu helfen. Vielleicht wartet er auf seine Jenny und betritt dann mit ihr gemeinsam den Lichttunnel, wenn ihre Zeit gekommen ist.

Jener Tag, vor dem dir als letztem bangt,
ist der Geburtstag des Ewigen.
Kommen wird der Tag, der dich der Hüllen entledigt und aus der
Zeltgemeinschaft des hässlichen Leibes befreit.
Schwinge dich schon jetzt, soviel du kannst, von hier empor,
wende deinen Sinn dem Höheren zu!

Lucius Annaeus Seneca

Mit Verstorbenen kommunizieren

Immer wieder suchen Menschen medial veranlagte Personen auf, in der Hoffnung, dass diese für sie Kontakt mit dem Jenseits aufnehmen können. Die Gründe hierfür sind vielfältig. Die einen haben selbst Angst vor dem Tod und wollen aus diesem Grunde bestätigt wissen, dass nicht alles zu Ende ist. Andere haben nahe Angehörige verloren und wollen wissen, ob es denen gut geht. Noch andere hatten Nahtoderlebnisse, unerklärliche Träume oder paranormale Phänomene in Haus und Garten.

Nun sollte man natürlich aufmerksam sein, mit wem man sich in Verbindung setzt, wenn man solche Unternehmungen vorhat. Und sich im Übrigen auch fragen, ob es wirklich nötig ist und was man sich davon verspricht. In meinen Augen sollte es nicht wie ein Sport betrieben werden, so nach dem Motto: „Gucken wir doch mal, was Mutti macht“. Auch halte ich nichts von Großveranstaltungen, wo in fließenden Gewändern vor großem Publikum Shows vorgeführt werden. Dies ist für mich Entertainment wie ein Film im Kino oder ein Theaterstück. Ich fühle, dass es richtig ist, darauf zu warten, ob sich eine solche Notwendigkeit oder Gelegenheit für mich ergibt. Ist es wichtig für mein Leben, meine Entwicklung, meine Gedanken oder meine geistige Gesundheit, wird mir jemand im richtigen Augenblick begegnen. Ist es das nicht, dann soll ich wohl besser nicht daran rühren.

Bei mir, obgleich ich Renate Fecher schon lange als Freundin und Kollegin kannte, war es diese Geschichte, die mich dazu bewog, mich mit der Geisterwelt zu beschäftigen. Ich wusste zwar, dass sie sich mit Hausreinigungen und ähnlichem beschäftigte, hielt es aber für mich nie für notwendig, mich selbst zu involvieren, bis ...

Sommerferien – ich verbachte ein paar Wochen allein im Haus. Mann und Kind waren noch am Arbeitsplatz beziehungsweise im Urlaub. Und ich hatte angefangen so langsam mal die ersten Türen zu streichen, ein paar Möbel umzuräumen und gründlich sauber zu machen. Täglich ging ich hinunter zum Strand schwimmen, abends zum Schaufensterbummel in die Stadt. Es hätte nicht schöner sein können. Nur nachts – das fand ich nicht so toll. Nachts irgendwo alleine fand ich überhaupt noch nie irgendwie toll. Aber jetzt musste ich sogar das Licht anlassen, um etwas zur Ruhe kommen zu können. Es war, als ob jeden Moment jemand die Treppen nach unten kommt oder zur Tür hinein. An ruhig schlafen war gar nicht zu denken. Etliche Nächte verbrachte ich im Wohnzimmer mit laufendem Fernseher. Besser war das auch nicht. Also bin ich wieder ins Schlafzimmer gezogen. Aber noch immer wurde ich jede Nacht wach. Immer um zwei Uhr nachts. Und bis in die Morgendämmerung hinein konnte ich nicht mehr schlafen, habe stumm im Bett gelesen und den Geräuschen gelauscht. Blöde Hunde, die jede Nacht durchbellen um diese Zeit. Ich war ganz schön gerädert. Wenigstens morgens konnte ich ausschlafen. Denn sobald die Nacht dem Tag begann zu weichen, war wieder alles in Ordnung und ich fiel in den Schlaf des Gerechten.

So zogen sich Tage und Nächte dahin, bis eines Nachts ... ich hätte schwören können, dass es kein Traum war und genauso passierte. Noch heute kommt es mir, wenn ich darüber erzähle, vor, als ob es Realität war, obwohl ich sicher weiß, dass es nur ein Traum gewesen sein kann:

Ich war in den Garten gegangen, dorthin, wo der Weg eine kleine Biegung macht. Dort stand in meinem Traum eine Scheune, und hier wollte ich Wäsche aufhängen. Und wie ich da so am Sortieren von Unterhosen und Hemden war, kam plötzlich eine Gestalt um die Ecke. Rotes Hemd, braune Hose, Riesenschnurrbart. Schwarze, wirre Haare hingen ihm wild und unordentlich ins Gesicht. Er hinkte drohend auf mich zu. Angst ergriff mich von einem Moment zum anderen. Ich wollte wegrennen, stand aber wie hypnotisiert und konnte mich nicht bewegen. Ich schaute mich um. Da, da hinten war ein Heurechen. Den wollte ich greifen. Ich musste mich ja schließlich irgendwie verteidigen. Er kam immer dichter auf mich zu. Die Angst verstärkte sich noch. Der Rechen klemmte fest. Ich konnte ihn nicht von der Wand nehmen. Die Gestalt war jetzt direkt vor mir. Er packte mich bei den Armen. Ich schrie und tobte und winselte. Aber es half nichts. Er warf mich auf den Lehmboden. Seine Hände griffen um meinen Hals ... er tat mir Gewalt an, während er mich langsam mit den Händen erdrosselte ...

Dann lag ich auf einmal im Bett. Schweratmend und total in Panik. Ich konnte mir nicht erklären, was das gewesen war. Es fühlte sich wirklich an, obwohl ich im Bett erwachte und mich auch nur daran erinnern konnte, ins Bett gegangen zu sein. Die Atmosphäre im Raum vibrierte. Ich wusste, dass jemand dort war, auch wenn ich diesen jemand nicht sehen konnte. Und ich hatte Angst. Panische Angst. Wie eine Schildkröte auf dem Rücken verbrachte ich den Rest dieser Nacht bis zum Morgengrauen, vermied es, laut Atem zu holen und traute mich nicht, auch nur den Kopf zu drehen. Ich wartete einfach nur auf den Morgen. Zitternd und vor Angst schwitzend. Am nächsten Morgen verschloss ich in aller Eile das Haus, setzte mich ins Auto und fuhr zurück in die Stadtwohnung, in der festen Absicht, das Strandhaus nicht wieder, und schon gar nicht allein, zu betreten.

Ich rief Renate Fecher an. Sie meinte, da Haus und Hof schon seit dem 16. Jahrhundert an diesem Platze stünden, wäre ich wohl in einen alten Energiestrom hineingeraten, der aber nicht unbedingt mit mir zu tun haben müsse. Wahrscheinlich sogar eher nicht. Ich sei so-

wieso sehr empfindsam in der Aufnahme von derlei Energien und solle mir also erst einmal keine Sorgen machen. Sie würde aber trotzdem so schnell wie möglich kommen und sich das ganze einmal ansehen.

Es dauerte ein paar Wochen, aber schließlich kam sie. Es war nur ein Kurzurlaub zum Eben-mal-Gucken und sie brachte sogar noch einen Freund mit, der sich auch damit auskannte. Und direkt am ersten Abend rückte sie der Sache zu Leibe.

Jetzt möchte ich nicht im Einzelnen beschreiben, was genau geschah. Nur so viel: Sie stellte eine Lichtsäule und dann machten sich die beiden daran, mit dem Geist Kontakt aufzunehmen. Ich selbst konnte weder etwas sehen noch hören, allerdings fühlen.

„Er ist draußen!“ – sagte der Freund ganz ruhig. „Er geht vor dem Haus auf und ab. Er ist unsicher und misstrauisch über das, was hier passiert!“ – Die Luft im Raum fühlte sich jetzt doch etwas anders an, es war wie elektrisiert, meine Hautoberfläche kribbelte am gesamten Körper, und ich hatte das Gefühl, alle Haare stünden mir zu Berge. Auch die Angst war zurück, obwohl die beiden dabei waren. Die Hunde bellten draußen der Welt größte Hundeoper. Irgendwo fiepte und knirschte das alte Haus, und im Garten klopfte irgendwer oder -was rhythmisch auf Holz. Eine Stimmung wie im Schwarzweißfilm von Nosferatu.

Er war drinnen jetzt – beide waren sich darüber einig. Ein großer, grober und ungeschlachter Kerl. Mit Soldatenstiefeln. Draußen auf dem Gang habe man ihn schon hören können. Die Tür zum Schlafzimmer habe er lautstark aufgeschlagen und sei wütend und rachsüchtig hineingestapft. – Die beiden still dasitzenden Seelenbegleiter riefen sich gegenseitig die Stichworte zu und ergänzten ihre Wahrnehmungen. Ich nahm nichts wahr – außer dass es sich jetzt im Schlafzimmer so stromig anfühlte, als ob man nicht nur in eine Steckdose fasst, sondern mit beiden Beinen drin steht.

„Ja, genau!“ – sagte meine Freundin auf einmal. – „Der Traum, er

hatte mir Dir zu tun." – Ich riss die Augen auf und schaute sie an. – „Du warst schon einmal hier. Du hast hier gelebt. Und Du hast ihn hart verletzt. Er war ehrlich um Dich besorgt und in Dich verliebt und Du hast nur mit ihm gespielt. Er ist sehr wütend auf Dich. Deshalb der Traum."

Kurz und gut, es stellte sich heraus, dass ich schon einmal hier gewesen bin, wohl als Tochter eines etwas betuchteren Hauses und mit ihm, der sich in mich verliebt hatte, ein falsches Spiel gespielt habe. Nach seinem Tod war er nicht gegangen, sondern blieb, um auf meine Rückkehr zu warten, die erst jetzt geschah, wohl ein paar hundert Jahre später. Inzwischen hatte er genügend Zeit gehabt, um immer böser und wilder zu werden. Er erkannte mich – und ich hatte davon natürlich in meiner jetzigen Inkarnation keine Ahnung, jedenfalls nicht bewusst. Und jetzt wollte er sich holen, was ich ihm seinerzeit verweigert hatte. Natürlich war es nachts geschehen, wenn die Welten dichter beieinander liegen und die natürlichen Schutzmechanismen heruntergefahren sind.

Es dauerte noch eine Weile, und ein paar Rituale später war es tatsächlich geschafft, die Seele des Soldaten dazu zu bewegen, in die Lichtsäule einzutreten. Ich hoffe, er fühlt sich dort jetzt wieder wohl.

Wir haben dann noch eine gute Hausreinigung durchgeführt und ich habe gelernt, wie und dass ich das jetzt regelmäßig machen soll.

Ja, ich weiß, die Geschichte klingt bizarr und abgefahren. Und genauso fühlte es sich auch an. Aber sie ist wahr. Ich habe sie genau so erfahren und mitgemacht. Und ich bin sehr froh, dass ich inzwischen keine Angst mehr dort habe, wenn es dunkel ist und gerne in dem Haus lebe. Auch die Hunde bellen nachts nicht mehr. Es herrscht Ruhe und Frieden.

Die wenigsten wissen, dass sie selbst auch als weniger medial veranlagte Menschen durchaus lernen können, in gewissem Masse mit Verstorbenen selbst in Kontakt zu treten. Vielleicht sehen und hören sie weniger als hellsichtig oder hellhörig veranlagte Menschen. Aber es ist auch ihnen möglich, mit dieser Bewusstseinsebene in Kontakt zu treten. Und nachdem ich es einmal aus der Sicht einer Betroffenen erlebt hatte, wollte ich mehr darüber wissen und nahm an Renate Fechers Workshop „Der Kreislauf von Leben und Tod“ teil. Und die Erfahrung daraus möchte ich jetzt zum Schluss noch erzählen:

Über das Thema Leben und Tod hatten meine Freundin Renate und ich wirklich schon oft diskutiert: wie es dort wohl ist, was dort passiert, warum wir hier auf der Welt sind, was die Wissenschaft und Religion dazu sagen, was meine eigene Aufgabe ist, warum mir wohl bestimmte Menschen über den Weg gelaufen sind und warum ich dieses Gefühl habe, dass ich unbedingt in diesem Leben noch einmal nach Australien will.

Bis jetzt hatte ich jedoch einen Bogen darum gemacht, an einer ihrer Sitzungen oder einem Workshop teilzunehmen. Aber nach der nächtlichen Erfahrung vom Strand, wollte ich mehr davon verstehen.

An einem Damenwochenende, das wir uns zusammen mit unserer gemeinsamen Freundin Mira gönnten, kam das Gespräch so stark und dringend auf, dass wir es alle fühlten: Jetzt war die richtige Zeit gekommen. Wir schrieben das Jahr 2012 – der Anfang vom Anfang einer neuen Ära. Und für mich persönlich eine Zeit, in der ich mich endlich mehr mit mir selbst beschäftigen wollte. Erfahrungen machen, wachsen. Auch spirituell. Und das war eine gute Gelegenheit. Kann ich wirklich als völlig unbedarfte und medial Unerfahrene so mal eben an einem Wochenende erleben, wie ich selbst mit Verstorbenen Kontakt haben kann?

Wir hatten es kaum beschlossen, als sich selbst für mich schon die Umgebung veränderte. Es war so ein unbestimmtes Gefühl, nichts Genaues – aber doch so ein Kribbeln am Rücken und eine merkwürdige Spannung lag in der Luft.

„Ja“, lachte sie auf meine Frage. „Da ist auch jemand. Nämlich deine Mutter. Die hat dir dringend etwas zu sagen. Sie steht hier mit

in die Hüften gestemmten Händen, sieht sehr bestimmt aus und würde dich am liebsten sofort richtig in den Senkel stellen." Ich konnte zwar selbst nichts hören oder sehen, aber das klang in der Tat sehr nach meiner Mutter. Sie bekam mitgeteilt, dass auch sie bis morgen warten müsse. Ich konnte direkt vor meinem inneren Auge sehen, wie wenig das meiner Mutter gefallen musste. Geduldig war sie nämlich nie gewesen. Innerlich musste ich grinsen. Meine Mutter, die immer alles jetzt und direkt und sofort haben wollte, musste warten. Das gefiel ihr sicher gar nicht. Aber im Jenseits gibt es ja keine Zeit.

Am nächsten Morgen bereiteten wir uns im Wohnzimmer vor. Bleistift, Papier und noch so ein paar Kleinigkeiten, die dazu notwendig waren. Natürlich habe ich darüber nachgedacht, mit wem ich denn wohl sprechen wollte, was ich fragen wollte, was ich sagen wollte, wen ich gerne gesehen hätte. Aber alle vorherige Planung wurde vom aktuellen Geschehnis eingeholt, oder besser überholt. Wie oft bei spirituellen Erfahrungen nehmen die Dinge ihren Lauf, die für den jeweiligen Moment richtig sind. Leben ist eben doch das, was passiert, während man noch plant. Selbst in solchen Momenten.

Über die Theorie von Leben und Sterben hatten wir schon oft gesprochen, sodass eine Kurzwiederholung reichte und wir uns direkt mit der Praxis beschäftigen konnten. Mira hatte wenig eigene Wünsche. Sie hatte schon öfter an derlei Workshops teilgenommen und wollte mir zuliebe diesmal nur unterstützend dabei sein. Ja, wen wollte ich wohl treffen? Wen wollte ich sonst wohl sprechen? Meinen Vater vielleicht? Ich wusste es nicht so recht. Mama natürlich – die stand ja auch schon wieder in den Startlöchern und wartete. Sie würde zum Poltergeist mutieren, wenn sie nicht bald an die Reihe kam.

Wir schrieben die Fragen auf, die ich Mama gern stellen wollte. Dass sie etwas von mir wollte, war ja klar. Aber hatte ich ihr auch noch etwas zu sagen? Wollte ich noch etwas erfahren?

Mal sehen, wer da noch auftaucht, meinte Renate. Oft wäre es ja so, dass sich auch ein paar Ungerufene versammeln, wenn man anfängt zu arbeiten. Zumeist sind es einfach herumstrolchende Seelen, die von der Lichtsäule angezogen werden. Wir werden sehen.

Das Wichtigste bei den nun folgenden Kontakten, belehrten mich die beiden Damen, wäre es, in den kommenden Stunden dem Gefühl und der Wahrnehmung zu vertrauen. Wenn ich das Gefühl hätte, dass etwas wahr und richtig sei, dann wäre es das auch. Auf meine eigenen Formulierungen sollte ich achten, denn mitunter ist schon eine Nachricht in der Art enthalten, wie ich selbst etwas sage. Es klang alles ziemlich verwirrend. Mich kribbelte es am ganzen Körper. Im Laufe des Wochenendes sollte ich lernen, diesen Gefühlen und Wahrnehmungen zu vertrauen. Das Kribbeln wird für mich ein Zeichen werden, dass eine Frage von dieser anderen Bewusstseinsebene positiv beschieden wurde. Ich weiß nicht, ob andere dasselbe haben oder ob ihre Körper und Gedanken anders reagieren. Aber seit diesem Wochenende ist das Kribbeln mein Zeichen.

Wir begannen unsere Zeremonie damit, dass wir unsere Schutzgeister, Begleiter, Krafttiere oder sonstigen spirituellen Begleiter riefen, mit denen wir persönlich in Verbindung stehen oder an deren Existenz wir glauben. Meine Freundin rief natürlich „ihre Jungs" zu sich. Ich die meinen. Natürlich werde ich an dieser Stelle nicht verraten, wer sie sind – aber sie sind da. Ganz real und immer präsent, wenn ich an sie denke. Das war für mich keine neue Erfahrung. Die kannte ich schon von schamanischen Reisen.

Danach wurden alle wartenden und nicht-wartenden Geister gebeten, den Raum zu verlassen und draußen vor der Zimmertür zu warten. Auch Mama.

„Nur was der Liebe ist, darf bei uns sein", sagte meine Freundin zum Schluss des Rituals, das immer ausgeführt werden muss, um den Raum energetisch zu versiegeln. Eine Formulierung, die, wie sie mir

nicht müde wurde einzuschärfen, dafür sorgt, dass sich nichts in unserer Umgebung aufhalten kann, was uns nicht gut gesinnt ist. Jetzt waren sie soweit. Außer uns und den Schutzgeistern war nichts und niemand mehr anwesend.

Und jetzt konnte ich lernen, wie man eine Lichtsäule erstellt. Mit ausgestreckten Händen standen wir im Kreis und bauten den energetischen Tunnel auf. Am Anfang war ich noch etwas gehemmt, wurde aber schnell sicherer. Da ich selbst auch Einweisungen in Reiki habe, wenn auch keinen Meistergrad, weiß ich, wie es sich anfühlt, wenn Energie durch meine Hände fließt. Und das tat sie. Am Ende stand da eine wunderschöne flirrende Säule mit Gold und Silberschnipseln, die leuchtend weiß fluoreszierte.

Meine Freundin bat die Seele meines verstorbenen Kindes zu erscheinen. Wir schlossen die Augen. „Dann siehst Du mehr“, kommentierte meine Freundin.

Und so saß ich tief eingesunken in die Wohnzimmercouch und versuchte irgendetwas zu erfassen, was auch immer da kommen mochte. Aber ich sah nichts und niemanden, während Mira plötzlich verkündete: ja, sie sähe jetzt jemanden auf dem Tisch sitzen. Einen kleinen Jungen. Er säße dort mit gekreuzten Beinen wie ein Zwerg. Er frage, warum man ihn gerufen habe und was man von ihm wolle. Meine Freundin bestätigte diese Szene. Nur ich, ich sah nichts. Vielleicht, weil ich noch ein Anfänger war. Andererseits kribbelte es mir überall, denn ich hatte ihn fragen wollen, warum er nur so kurz zu mir gekommen war und schon wenige Wochen nach seiner Geburt wieder verschied.

„Was fühlst Du denn? Was geht in Dir vor?“, fragte Mira. „Denk nicht. Versuch einfach nur zu sagen, was bei dir im Moment los ist.“

Bei mir passierte merkwürdigerweise etwas ganz anderes, was mit einem auf einem Tisch sitzenden Geist so gar nichts zu tun hatte. Meinem Gefühl zufolge stand hinter der Couch, direkt hinter mir, ein dicker, großer, schwarzer Schatten. Er hielt meinen Kopf umklammert und das ganze fühlte sich ziemlich unangenehm an. Es waren keine Schmerzen und auch kein physisches Anfassen. Es war nur so ein Gefühl. Ich versuchte, die Hände abzuschütteln, aber Mira sagte, ich solle es einmal geschehen lassen. Mal sehen, was dann passieren würde.

Tatsächlich änderte sich etwas, als ich den inneren Widerstand aufgab. Sofort wurde diese Art Vision stärker und der schwarze Schatten packte meinen Hals und zog mich nach hinten über die Couch hinaus auf den Boden. Dort lag ich jetzt platt auf dem Rücken; der Schatten beugte sich vom Kopfende her über mich und drückte mir auf die Brust. Ich fühlte Panik aufsteigen und wollte es so schnell wie möglich beenden. Natürlich passierte auch das nicht wirklich, sondern ich sah es nur im Geiste geschehen. Aber die Angst und den Druck, das fühlte ich wirklich.

Mira sagte, sie sähe etwas ganz anderes. Sie sähe, wie die Seele meines Kindes jetzt an meinem Kopfende säße und mich dort liebevoll umfangen hielte, so als wolle er mich trösten. Auch Renate sah das genauso. Könnte es sein, dass sie Recht hatten? Die Panik ließ nach und ich konnte die Situation etwas ruhiger betrachten.

„Er hat einen Seelenanteil bei Dir zurückgelassen, als er ging", sagte meine Freundin jetzt. „Um dich zu trösten. Nur du hast es falsch verstanden. Du konntest es nicht einordnen, weil es immer um dich war und hast dich bedroht gefühlt statt getröstet."

Konnte das sein? Meine Haut kribbelte – ja?

„Schick ihn jetzt zurück. Zeige ihm den Lichttunnel, denn den muss er nehmen, wenn er auch seinen Seelenteil wieder mitnehmen will. Sage danke dafür und dass du es nicht mehr brauchst."

Aber ich konnte keinen Zugang bekommen. Ich sah ihn nicht. Ich fühlte etwas, aber ich kam nicht damit in Kontakt. Plötzlich wurde ich traurig. So tief und unendlich traurig. Ich fühlte die Tränen aufsteigen und wollte sie wegblinzeln. Aber es war zu spät. Ich brach in Weinen aus – und weinte und weinte. So hatte ich nicht an seinem Grabe ge-

weint. An diesem Tag, mehr als zwanzig Jahre später, konnte ich endlich heulen. Und ich heulte, was das Zeugs hielt. Jetzt sah ich ihn auch. Er stand vor mir, wirklich wie ein kleiner Zwerg, streckte seine Hand tröstend nach meiner aus. Ich weinte eine lange Zeit.

Am Ende bin ich mit ihm zur Lichtsäule gegangen. Ich konnte regelrecht fühlen, als er sich zum Abschied an mein Bein kuschelte. Es war schwer, ihn gehen zu lassen. Schwerer als es damals gewesen war. Mira stimmte ein schönes Lied an und mit sicherem Gesang begleiteten wir ihn zurück ins Licht – diesmal komplett mit Seelenteil. Danach lichtete sich der Raum wieder. Die Trauer flachte langsam ab und ein Gefühl der Erleichterung, ja der Freude stellte sich ein. Er war dort drüben und wartete auf mich, bis auch ich mich auf den Weg mache eines Tages.

Das war also auch geschafft. Jetzt noch die Mama. – Kurze Pause. Mira ging hinaus für kleine Miras. Und bei uns im Raum ging das Radio an. Das Ungewöhnliche war nur, dass niemand von uns es angeschaltet hatte. Aus dem Lautsprecher plärrte ein schmalziges Liebeslied, gesungen von einem jungen Mann, der lautstark angab, dass er ohne seine Liebste nicht leben könnte. – Hast du? – Nein – Du? – Wir schauten uns verblüfft an. Keiner war auch nur in der Nähe des Radios gewesen.

Auf einmal sprang Renate auf. „Wie bist du hier hereingekommen?“ Sie starrte irgendetwas an. Im selben Moment setzte auch bei mir das Kribbeln ein. Da war jemand. Und diese Seele war ungerufen hereingekommen. Aber der hatte doch nicht? Nee, komm, das gibt es gar nicht. Das gehört ins Kino.

Renate lachte. Doch. Er hat. Und das fand sie ausgesprochen unverschämt. Mit einigen wenigen Worten schickte sie ihn wieder hinaus. Er hatte sich reingeschlichen, als Mira hinausging. Normalerweise passiert das nicht. Er war schon ziemlich listig gewesen und hatte den einen kleinen Moment genutzt. Sie versiegelten den Raum wieder, sobald Mira zurückgekommen war. So ein Lümmel.

Das passiere schon mal, meinten die Damen. „Aber keine Angst. Mehr als einen blöden Knopf an einem Radio oder einem CD-Player drücken, wenn die CD schon drin liegt, können sie wirklich nicht. Und du kannst sie immer wegschicken." Sehr beruhigend!

Die Mama. Sie war kaum hereingerufen worden, als mich auch schon ein eiskalter Hauch streifte, so als ob ein Winterwind ins Zimmer bläst.

„Du fühlst nur einen kühlen Hauch?" Renate lachte lauthals auf. „So, wie sie hier hereinrauschte, müsste dich ein Tornado umgeweht haben."

Mama hatte wohl einen ihrer besonders guten Tage. Sie verlas mir kräftig die Leviten und erzählte, betete geradezu alles herunter, was ich in meinem Leben mal wieder falsch tat. Kurioserweise unterhielt sie sich dabei mit Renate und sprach über mich in der dritten Person, als wäre ich gar nicht da. – Aber auch das war typisch Mama. Das tat sie nicht nur jetzt, weil ich sie selbst nicht direkt hören konnte, das hatte sie auch schon getan, als sie noch lebte. Ich glaubte Renate unbesehen jedes einzelne Wort. So, genauso hatte meine Mutter immer gesprochen und agiert.

Weitere Details will ich jetzt aber nicht verraten. Nur noch so viel. Ihr Auftritt war keineswegs böse gemeint. Im Gegenteil. Sie wollte sichergehen, dass ich nicht ihre Fehler wiederhole und dass ich mein Leben lebe und genieße, es zu leben. Dafür war sie extra noch einmal aus dem Lichtraum der Ewigkeit gekommen, um die gebotene Möglichkeit zu nutzen, mit mir in Kontakt zu treten. Sie war nämlich der Meinung, dass ich zu viel arbeiten und mich zu viel um andere kümmern würde statt auch einmal um mich selbst. Nachdem sie ihren Standpunkt deutlich gemacht hatte, verabschiedete sie sich durchaus liebevoll und trat ihren Rückweg alleine an.

Auch dem jungen Mann, der das Radio in Gang gesetzt hatte, verhalfen wir letztendlich den zweiten Raum des Todes per Lichtsäule zu verlassen und weiter zu gehen.

Wenn ich es vorher nur theoretisch wusste ...
Jetzt weiß ich es praktisch und aus eigener Erfahrung: Im Himmel ist die Hölle los ...

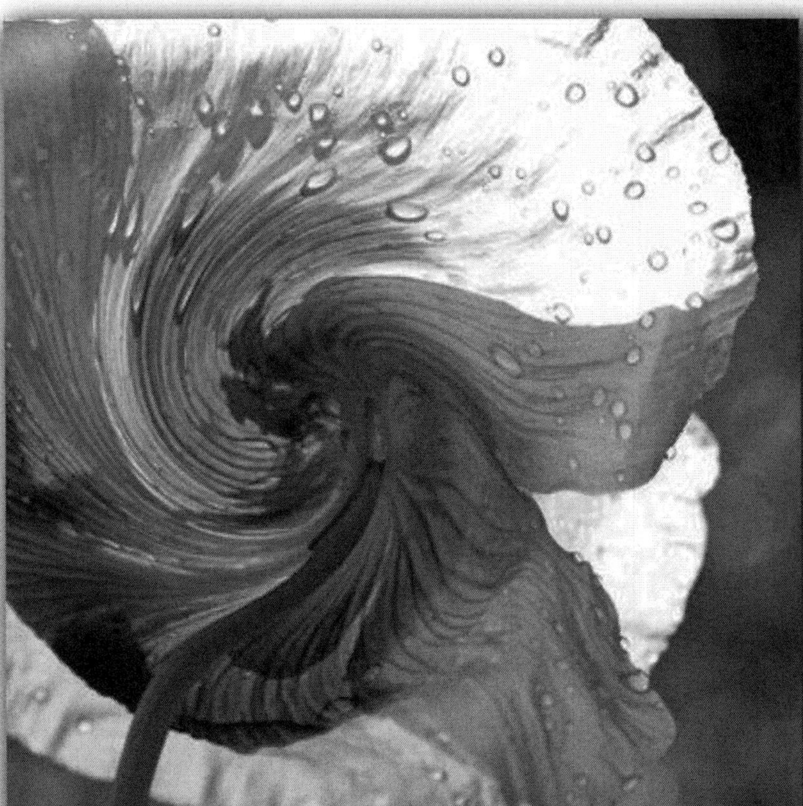

Danke

Für dieses Buch muss ich mich bei sehr vielen bedanken, Lebenden wie Toten, die mich unterstützt haben.

Ein besonderer Dank geht an meine Freundin und Reikimeisterin Renate Fecher aus Frankfurt/Bad Vilbel, die sozusagen den Grundstein in mir gelegt hat, mich mit diesem Thema zu beschäftigen und auch eigene Erfahrungen machen zu wollen. Viele der in diesem Buch erzählten Geschichten entstammen ihrer Praxis und auch ihr Workshop *„Der Kreislauf von Leben und Tod"* hat Pate gestanden, weshalb sie mir gestattet hat, diesen Titel auch als Untertitel des Buches zu benutzen. Sie war diejenige, und ist es noch, die mir geholfen hat, zu verstehen und selbst etwas zu fühlen. Und ehrlich, sie ist die beste Seelenbegleiterin, die ich kenne.

Ein spezieller Dank auch an Andreas Benno und Hans-Peter Kuhl, die mich durch meine schlimmen Tage des Fast-Burnouts hindurch mental begleitet haben, viele dieser Themen mit mir besprochen haben und nicht müde wurden, mich zu korrigieren und zu inspirieren. Bei Andreas Benno bedanke ich mich zudem für die Fotos, deren Verwendung für dieses Buch er mir gestattet hat.

Danke auch an Thanassis Triantafyllou, der mich ermutigte, aus einem ehemals neutralen Manuskript ein persönliches Buch zu machen.

Einen Dank an die ersten Testhörer beim 6. Griechisch-Deutschen Lesefestival in Paleochora sowie Freunde und Bekannte, die mir bestätigten, dass ich dieses Buch auch wirklich veröffentlichen soll. Denn viele von ihnen hätten ähnliche Erfahrungen, trauten sich aber selten, darüber zu sprechen. In diesem Sinne würde dieses Buch Mut machen, die eigenen Erfahrungen als wahr anzunehmen.

Ein supergroßes Dankeschön geht an meine Familie, die alle meine Macken geduldig erträgt.

Und sicherlich bedanke ich mich herzlich bei meinen Lesern, für die das Büchlein hoffentlich Spannung und Bereicherung bereitgehalten hat.

Edit Engelmann

Edit Engelmann wurde 1957 in Eschwege geboren, wo sie auch aufwuchs, die Schule besuchte und die ersten beruflichen Schritte machte. Mehr als 30 Jahre arbeitete sie als Leiterin von Marketing- und Kommunikationsabteilungen im In- und Ausland. Abgesehen von einem anspruchsvollen wie ebenso befriedigenden Berufsleben genoss sie es während dieser Zeit ausgesprochen, neue Kulturen, Denkweisen und Lebensstile kennenzulernen und ausprobieren zu können. Reisen, das Entdecken und Erleben sowie das Sammeln von neuen Erfahrungen gehören auch heute noch zu ihren Leidenschaften.

Ihrem Umzug nach Griechenland und der politischen Diskutierfreude ihrer Freunde ist es zu verdanken, dass ihre ersten Bücher „Krise, Krise – Schulden am Olymp“, „Zitronen aus Hellas“ und die imaginäre Gerichtsverhandlung „Scherben vor Gericht“ auf den Markt kamen.

Sie arbeitet heute als Schreibcoach und Lektorin, übersetzt Bücher, bringt weitere Geschichten und Bücher auf den Markt, hilft Studenten bei ihren Bachelor- und Masterthesen mit Korrekturen und Kommentaren und arbeitet als Herausgeberin verschiedener Märchen- sowie Koch- und Erlebnisbücher. Zudem ist sie mit Kurzgeschichten in einigen Anthologien vertreten und schreibt hin und wieder Artikel.

Edit Engelmann ist Mitglied in diversen Vereinen sowie Initiatorin und Organisatorin des Griechisch-Deutschen Lesefestivals, was in regelmäßigen Abständen in Deutschland und Griechenland stattfindet.

Eigene Romane/Essays/Bücher:

Krise, Krise – Schulden am Olymp
Zitronen aus Hellas
Es war einmal im Ringgau ...
Scherben vor Gericht – Albtraum eines Premierministers
Korinthen und Musketen
Stafida kai Kariofilia (griechisch)
Ella und der Regenbogenstein
Koppoter Pim – Ein Studentenhilfs- und -kochbuch
2084 – Entopischer Dialog
Frieden – Aristophanes reloaded
Vom Licht ins Lebens – Der Kreislauf von Leben und Tod

Beiträge in verschiedenen Anthologien, wie z.B.

Niedersächsische Einladung
Frankfurter Einladung
Entführung in die Antike
Griechische Einladung in die Musik
Griechische Einladung in die Ägäis

Herausgeberin von:

Das Größenwahn Märchenbuch Band 1
Das Größenwahn Märchenbuch Band 2
Das Größenwahn Märchenbuch Band 3
Griechische Einladung in die Politik
Über das Kretische Meer

Quellenangaben

http://www.gutzitiert.de/zitat_autor_wilhelm_von_humboldt_thema_sterben_zitat_19507.html – 07.05.2012

https://zitatezumnachdenken.com/tod/page/2 – 24.01.2020

Kyriakos C. Markides, Der Magus von Strovolos, 1988, Knaur Verlag, ISBN3-426-04174

http://www.obib.de/Erzaehlungen/seattle/seattle.html - 28.04.2012 – Urfassung der Rede des 1866 verstorbenen Häuplings der Suquamish und Duwamish-Indianer Seattle von 1854. Verfaßt von dem Ohrenzeugen Dr. Henry A. Smith, erstmals veröffentlicht am 29.10.1887 in der Zeitung 'Seattle Sunday'.

Quellen: Tod und Sterben, Deutungsversuche, Helmut Aichelin... Gütersloh 1978

Yrjö von Grönhagen , Finnische Gespräche", Nordland Verlag GmbH, Berlin, 1941.

„Christliches Zentrum Karlsruhe" http://www.czk.de/181.0.html, Glauben und Wissenschaft – 04.11.2010

http://gesetze-des-lebens.de/resonanzgesetz-1/resonanzgesetz-3/anziehung.php – 08.05.2012

http://www.impuls4you.de/Schatztruhe/Zitatensammlung/ Spirituelle Zitate/spirituelle_zitate.html - 22.11.2012

1http://www.zitate.de/db/ergebnisse.php?sz=5&stichwort=&kategorie=Tod&autor= – 9.05.2012

Cornelia Hott – http://www.seelenwolken.de/html/witzige_wolke.html – 08.05.2012

http://www.hospizgruppeschopfheim.de/hospiz-schopfheim-texte25-vermischtes.pdf - 7.7.2012

http://zitate.woxikon.de/tod/1282 – 07.05.2012

Aus den Erzählungen von Seelenbegleiterin Renate Fecher

http://www.zitate-aphorismen.de/zitate/thema/Kreatur Gesch%C3%B6pf__Lebewesen/2139 – 11.11-2012

http://www.psp-tao.de/zitate/thema/Nahtoderfahrung/ 914 03.05.2012 – Holger Kalweit, Traumzeit und innerer Raum, Die Welt der Schamanen

Markolf H. Niemz, Lucy im Licht - Dem Jenseits auf der Spur, Knaur Taschenbuch Verlag, München, 2010 mit Quellenverweis auf K. Ring, E. Elsaesser-Valarino (1999): Im Angesicht des Lichts. Ariston-Verlag, S.289

Bezug auf eine Television-Dokumentation "Begegnungen mit dem Tod" ("The Day I Died"), ausgesendet von BBC Exklusiv, im Jahr 2002

http://www.psp-tao.de/zitate/autor/Raymond_A_Moody/321 – 16.09.2012

http://de.wikipedia.org/wiki/Nahtoderfahrung – 03.05.2012

http://www.gutzitiert.de/zitat_autor_wilhelm_von_humboldt_thema_sterben_zitat_19507.html – 07.05.2012

Markolf H. Niemz, Lucy im Licht – Dem Jenseits auf der Spur, Knaur Taschenbuch Verlag, München, 2010 unter Quellenangabe M. Morse (1992): Zum Licht. Zweitausendeins Verlag.

http://www.sasserlone.de/tag/647/tage/2/ – 09.07.2012

Die Bücher und Publikationen von Neale Donald Walsch

Bildnachweis

Mann im Boot, Kormoran auf Pfahl, Steingesicht, Baumwurzeln um Gemäuer, Felsen, dunkler Raum, Pfau, heller Raum, Vögel am Meer: © Andreas Benno

Licht hinter Baum, Schatten auf Baumstamm, Wellen am Strand, Steine im Sand, Sonnenuntergang am Meer, Spiegelung im Wasser, Pfauenfeder: © Erwin Kümmel

Pusteblume im Gegenlicht, Mohnblume: © Uschi Dreiucker, pixelio

Foto Autorin: © Todor Todorov

Eine Bitte

Wenn Sie ein bisschen mehr erfahren, etwas tiefer hinter die Dinge schauen möchten, dann sind Sie bei uns richtig.
Wir beschäftigen uns auch mit dem nicht so Offensichtlichen, was uns umgibt – dem Spannenden, Ungewöhnlichen, Besonderen, das zwischen Himmel und Erde geschieht und darüber hinaus ...

Auf den folgenden Seiten finden Sie kurze Hinweise auf eine Auswahl unserer Bücher.
Näheres erfahren Sie auf unserer Webseite:
www.verlagbegegnungen.de

Wenn Ihnen das Buch, das Sie gerade gelesen haben, gefallen hat, wenn Sie uns, unsere Bücher und unsere Autoren und Autorinnen mögen, dann sagen Sie es bitte weiter. Nichts ist so wichtig wie persönliche Empfehlungen!

Bitte empfehlen Sie uns weiter!
Auch über geschriebene Rezensionen, besonders im Online-Buchhandel, freuen wir uns sehr! Für uns sind sie sehr wichtig!

Mit einem herzlichen Dankeschön für Ihr Interesse und Ihre Unterstützung wünschen wir Ihnen viel Freude und besondere Begegnungen mit unseren Büchern.

Ihr Team vom Verlag Begegnungen

Weitere Bücher des Verlags Begegnungen

Und wenn der Wind eine Seele hat
Märchenhafte Erzählungen
Birgit Schuler
In 15 Geschichten schreibt die Autorin über das kleine Glück, das wir auf Schritt und Tritt entdecken können, erzählt sanft, zart und märchenhaft – dabei gleichzeitig realitätsbezogen und modern. „Echte" Märchen wie die aus Kindertagen wechseln sich ab mit modernen Kurzgeschichten über die Problematiken der heutigen Zeit.
140 Seiten, mit Illustrationen,
ISBN 978-3-946723-49-3, 14,95 Euro

Sterne sind Hoffnung
In einem Leben ohne Namen
Christine Goeb-Kümmel
In einem Land, in dem nur wenige Menschen ein Hundeleben als wertvoll erkennen, wird eine Hündin geboren, aufgeweckt und voller Lebenslust. Viele Jahre lang versucht sie, sich einen Platz in den Herzen der Menschen zu erobern, denn sie wünscht sich nichts mehr, als ein Leben an deren Seite ...
94 Seiten, mit Illustrationen
ISBN 978-3-946723-34-9, 9,95 Euro

Wandlung
In Begleitung der Engel
Anke Gocke
Engel an unserer Seite ... Nicht wenige Menschen wissen, dass sie tatsächlich da sind und zu uns sprechen, wenn wir sie darum bitten ... In einer schwierigen Phase ihres Lebens gaben sie der Autorin Kraft und Mut, sich ihrer Situation zu stellen und wieder glücklich zu werden. Mit Hilfe der Engel lernte sie, neue Kraft zum Leben aus sich selbst zu schöpfen.
138 Seiten, mit Illustrationen, farbig und schwarzweiß
ISBN 978-3-946723-30-1, 14,95 Euro

Fantasiereisen
Geschichten zur Meditation
Birgit Schuler
Fantasiereisen sind ein kleiner Urlaub für die Seele.
Gemeinsam mit wunderschönen, stimmungsvollen Fotos, die bewusst in Schwarz-Weiß gehalten wurden, sind die in dem Buch enthaltenen Fantasiereisen dazu geeignet, zu entspannen, Kraft zu tanken, Heilung zu unterstützen oder ganz einfach, die Seele baumeln zu lassen.
ISBN 978-3-946723-33-2, 8,95 Euro

Der innere Klang
Eins sein mit dem Wesen der Bäume
Marco Grottke / Ulrike Meister
Bäume sind lebendige und fühlende Wesen und seit jeher enge Vertraute der Menschen. Die energetischen Schwingungen unterschiedlichster Bäume wurden künstlerisch poetisch in Worte übertragen. Lassen Sie sich berühren vom lebendigen Fluss dieser Worte und den individuellen Baumenergien, die in wundervollen Bildern liebevoll zum Ausdruck gebracht worden sind.
164 Seiten, davon 42 farbig,
ISBN 978-3-9816162-2-4 21,95 Euro

Wie ein Reh im Wald der Gefühle
Aus dem Leben einer Hochsensiblen
Ute Wittig
In ihrem HSP-Tagebuch (HSP= High Sensitive Person) schildert die Autorin in kurzweiligen Texten ihre persönliche Entwicklung und beschreibt ihre Erlebnisse und Einstellungen zu vielen Themen des Alltags. Ein Buch, das Fragen beantwortet und dabei hilft, mit der eigenen Hochsensibilität – oder der von anderen Menschen – umzugehen.
201 Seiten, mit Illustrationen,
ISBN 978-3-946723-60-8, 16,95 Euro

Der Platz, an dem Du lebst und was er mit Dir zu tun hat
Christine Goeb-Kümmel
Was führt uns an den Platz, an dem wir leben? Warum sind wir dort? Wie können wir ergründen, welche Themen der Ort uns spiegelt? Auf der Basis geomantischer Untersuchungen ermöglicht Ihnen das Buch, sich Ihrer natürlichen und auch gebauten Umwelt auf eine neue, intensive Art zu nähern, Ihren eigenen Lebensraum zu entdecken und sich dabei selbst besser kennenzulernen.
312 Seiten, mit Fotos u. Zeichnungen,
ISBN 978-3-9816162-3-1, 19,95 Euro

Ein Leben für Merlin
Der Weg eines Hundes in eine Welt ohne Angst
Johanna Hirt
Die wahre Lebensgeschichte eines Hundes, geboren im rauen Nirgendwo der Karpaten, wurde zu einem wertvollen Ratgeber, der dabei helfen kann, unverstandenen Hunden, aber auch ihren überforderten Menschen eine lebenswerte gemeinsame Zukunft zu ermöglichen.
116 Seiten
ISBN 978-3-946723-47-9, 14,95 Euro

Auswanderer in Kenia
Eine Heimat gesucht und sich selbst gefunden
Karl-Heinz Höver
Träumen auch Sie manchmal davon, Ihr Leben von Grund auf zu ändern, alles Belastende zurückzulassen und irgendwo neu anzufangen? Der Autor beschreibt auf eine unkonventionelle und sehr persönliche Art und Weise, wie ihm zusammen mit seiner Frau genau dieser Schritt gelungen ist.
191 Seiten, mit farbigen Fotos,
ISBN 978-3-946723-41-7, 17,95 Euro

Kräutersommer
Zeit für Geschichten – Theresia Arbia und Pamela Feil
Zeit für Geschichten – ist es nicht das, was wir so dringend brauchen? In "Kräutersommer – Zeit für Geschichten" darf unsere Seele auf Reisen gehen, begleitet vom betörenden Duft der Wiesenkräuter und dem leisen Raunen des Andersweltlichen. Es ist eine Reise in andere Zeiten, zu geheimnisvollen Orten, und wie im Märchen von Frau Holle finden wir uns wieder auf blühenden Wiesen, in wilden Kräutergärten und in der Fantasie der Worte ...
82 Seiten, mit Illustrationen, ISBN 978-3-9816162-4-8 12,95 Euro

Elfentanz und Waldgeflüster
Zeit für Wunder und Geschichten
Theresia Arbia
In „Elfentanz und Waldgeflüster“ sind Erzählungen und Märchen – aus dem Reich hinter unseren Sinnen – verknüpft mit vielen vegetarischen und veganen Rezepten und interessanten Informationen über die Zutaten.

148 Seiten, mit farbigen Illustrationen
ISBN 978-3-946723-37-0, 14,95 Euro

Die Wärme des roten Sandes
Der Sinn des Lebens wartet überall
Christine Goeb-Kümmel
Die Juristin Sally und das Straßenkind Jorge – zwei Menschen, wie sie bezüglich Alter, Geschlecht und Stellung in der Gesellschaft nicht unterschiedlicher sein könnten – treffen an einem Punkt ihres Lebens aufeinander, an dem es für beide nicht weiterzugehen scheint ...
Eine Erzählung über den Weg zum Sinn des Lebens.
165 Seiten, mit Illustrationen,
ISBN 978-3-9467232-8-8 14,95 Euro

Weiterführende Informationen
zu den Büchern und Aktivitäten des
Verlags Begegnungen
erhalten Sie auf der Webseite
www.verlagbegegnungen.de

VERLAG
BEGEGNUNGEN

Wir freuen uns über Ihr Interesse,
über Ihre Resonanz und Anregungen.